처음이세요?

전문가세요?

AI와 영화

송낙원

대한민국, 서울, 커뮤니케이션북스, 2025

AI와 영화

지은이 송낙원
펴낸이 박영률

초판 1쇄 펴낸날 2025년 8월 23일

커뮤니케이션북스(주)
출판 등록 2007년 8월 17일 제313-2007-000166호
02880 서울시 성북구 성북로 5-11
전화(02) 7474 001, 팩스(02) 736 5047
commbooks@commbooks.com
www.commbooks.com

ISBN 979-11-430-0852-7 03500

책값은 뒤표지에 표시되어 있습니다.

차례

AI는 영화를 어떻게 바꿀 것인가? xi

01 AI와 시나리오 창작 1

02 AI와 영화 프리 프로덕션 11

03 AI와 영화 프로덕션 23

04 AI와 영화 포스트 프로덕션 35

05 생성형 AI 1세대 모델 49

06 생성형 AI 2세대 모델: CLIP, DALL-E 59

07 영상 생성형 AI 3세대 모델: 미드저니, 소라, 베오, 에뮤, 클링 73

08 음성 생성형 AI 3세대 모델: 보이스 엔진, 오디오젠, 수노 91

09 AI와 독립 영화, 영화 교육의 가능성 101

10 AI 영화의 법적, 기술적 한계와 미래 전망 111

AI는 영화를 어떻게 바꿀 것인가?

새로운 패러다임의 시작

우리는 지금 영화의 역사가 시작된 이래 가장 급진적인 테크놀로지의 변곡점에 서 있다. 1895년 뤼미에르 형제가 첫 영화를 상영한 이후 한 세기 이상 영화는 카메라 기술과 편집 장비, 음향 시스템, 디지털 이미지 처리 등 테크놀로지 발전에 따라 발전해 왔다. 무성 영화에서 유성 영화로, 흑백에서 컬러로, 필름에서 디지털로, 2D에서 3D로 이어진 변화들은 모두 영화라는 매체의 본질적 정체성을 유지하면서 표현 방식을 확장해 왔다. 그러나 인공지능의 도래는 그 모든 변화를 뛰어넘는 새로운 테크놀로지 패러다임의 전환을 의미한다.

이는 단순히 창작의 효율성 문제나 새로운 기술 도구의 도입을 넘어 창작의 주체, 영화의 정체성, 관객의 역할 그리고 예술의 존재 방식 자체를 근본적으로 재구성하고 있다. 우리는 영화 기술의 대폭발과 같은 AI 기술 혁명의 한복판에 있으며, 이는 빠른 속도로 영화 산업의 모든 영역을 재편하고 있다.

챗GPT가 100만 사용자에 도달하는 데 걸린 시간은 단 5일이었다. 넷플릭스가 3년 반, 트위터가 2년, 인스타그램이 2.5개월 걸린 것과 비교하면 전례 없는 속도다. 이는 단순한 통계를 넘어서 생성형 AI 기술이 얼마나 빠르게 대중의 일상에 스며들고 있는지를 보여 준다.

생성형 AI의 폭발적 성장과 영화 산업의 혁신

실리콘밸리의 유명 벤처 캐피털 세쿼이아는 2022년 첫 번째 생성형 AI 보고서에서 2023년 말까지 제품 디자인의 첫 모형, 비디오와 3D 파일의 기초 초안을 볼 수 있을 것이라고 예측했다. 그러나 2023년 9월, 그들은 자신들의 예측이 틀렸음을 인정해야 했다. 예상보다 훨씬 빠르게 발전하고 있었던 것이다. 첫 초안과 시도 대신, 우리는 이미 선구적인 멀티모달 도구를 통해 생성된 완전한 TV 시리즈 에피소드를 목격하고 있었다.

2023년 베니스 국제 영화제에서는 하모니 코린과 같은 저명한 감독이 연출한 AI 영화들이 상영되었고, 그해 미국 샌프란시스코에서는 대규모 AI 영화 및 게임 페스티벌이 개최되어 2024년 개봉 예정인 네 편의 장편 AI 영화 콘셉트 예고편을 선보였다. 런웨이와 같은 AI 기반 포스트 프로덕션 도구들은 이미 두 번째 영화제를 준비하고 있으며, 특히 다큐멘터리 제작자들을 위한 전용 지원 프로그램을 출시했다.

2024년 칸 국제 영화제에서는 AI가 영화 산업의 중심 화두로 떠올랐다. 칸 넥스트 프로그램에서 개최된 'AI와 영화 산업: 창의적 비즈니스 기회와 법적 고려 사항에 대한 심층 분석'의 패널들과 그들의 발표는 이러한 빠른 변화의 현주소를 보여 주는 상징적 사건이었다. 다양한 국제 영화제에서 영화감독과 프로듀서, 제작자들을 위한 AI 통합 교육 과정을 제공하기 시작했다.

영화 제작 워크 플로의 근본적 변화

AI는 이제 아이디어 브레인스토밍과 시나리오 작성, 영화 편집과 사운드 포스트 프로덕션, 세트 디자인과 VFX, 해외 시장에서의 영화 판매를 위한 더빙과 내레이션, 관객 마케팅에 이르기까지 영화 제작의 모든 단계에 스며들고 있다. 이는 단지 시작에 불과하다. 매일, 매주 새로운 AI 플랫폼이 출시되어 영화 제작의 모든 워크 플로 단계마다 개입하고 있고, 그전에는 사람이 전문가적인 지식과 오랜 시간을 들여 고민하던 크고 작은 문제를 자동으로 해결하고 있다.

칸 국제 영화제의 프로그램인 '칸 넥스트'의 패널로 참여한 큐리어스 레퓨지의 케일럽과 셸비 워드는 AI의 포괄적 특성을 강조했다. AI는 프리 프로덕션, 프로덕션, 포스트 프로덕션, 마케팅 전반에 걸쳐 프로세스를 간소화하는 능력을 보여 주고 있다. 현재 대부분의 AI 도구들이 출력 해상도에서 제한을 보이고 있지만 대화 다듬기, 아이디어 실험 등 프리 프로덕션과 포스트 프로덕션 작업에서 이미 상당한 역량을 보여 준다. 특히 오픈AI사에서 2024년 출시한 소라(Sora)는 생성형 AI로서 동영상 제작 AI 도구의 전격적인 출현을 알렸다.

포스트 프로덕션 영역에서도 혁명적 변화가 일어나고 있다. 스티븐 스필버그가 투자한 몇몇 프로젝트에서는 로토스코핑과 같은 매우 전문적인 포스트 프로덕션 작업이 마우스 클릭 한 번과 짧은 렌더링 시간으로 해결되고 있다.

가상 제작과 실시간 렌더링의 혁신

디멘션 스튜디오의 벤 럼스든은 독립 영화 제작에서 실시간 기술의 영향력 증가에 대한 중요한 통찰을 제공했다. 디멘션 스튜디오는 이러한 기술을 활용하여 독립 영화의 공동 제작과 공동 투자로 진출한다고 발표했으며, 이는 AI 기반 사전 시각화와 그린 스크린 시뮬캠 기술을 포함한 실시간 도구들이 디지털과 물리적 제작 프로세스의 교차점에서 새로운 가능성을 열고 있음을 보여 준다.

AI의 실시간 렌더링 프로세스 통합은 높은 예산이 필요한 블록버스터급 상업 영화에서나 가능했던 영화적 이미지의 상상력을 저예산 독립 영화나 예술 영화에서도 가능하게 하여 영화적 상상력을 확대하는 데 AI 기술이 기여할 수 있는 가능성을 보여 주고 있다.

AI 영화 기술과 인간의 창조성: 도구인가, 파트너인가?

새로운 도구가 아무리 발전했어도 사람들이 그것을 창조적으로 사용하는 방법을 이해하지 못한다면 아무 소용이 없다는 말이 있다. 이는 AI 시대에도 여전히 유효하다. AI는 창작을 대체하는 것이 아니라 창작 능력을 증폭하는 도구 혹은 파트너로 기능한다. 중요한 것은 AI라는 도구를 다루는 인간의 상상력과 감수성이다.

하지만 지금 우리는 선택의 기로에 서 있다. 실리콘밸리의 개발자들이 전 세계 영화의 미학을 정의하게 둘 것인가, 아니면 영화 창작자와 교육자들이 주체적으로 이 도구를 자기화할 것인가? 영화가 본질적으로 언어이자 철학이며 감정의 기술이라면 AI는 영화 언어의 문법을 바꾸고 있지만, 아직 그 의미의 해석은 예술가인 인간에게 달려 있다.

중요한 것은 AI 도구의 효과는 사용자에게 제공되는 데이터와 그것을 사용하는 사람들의 역량에 따라 결정된다는 점이다.

AI와 영화에 대한 질문

AI가 제공하는 무한한 기술적 가능성 앞에서 우리는 무엇을 선택할 것인가? 효율성과 화려함에 매몰되지 않고 진정성과 깊이를 유지할 수 있을까? 우리는 이 새로운 도구를 어떻게 받아들일 것인가? 창작은 여전히 인간의 고유한 영역으로 남을 수 있는가? AI 시대의 영화는 누구에 의해, 누구를 위해 만들어질 것인가?

이 책 《AI와 영화》는 지금까지 세계 영화 산업에서 논의되어 온 AI와 영화에 대한 지식과 담론에 기반하여 질문에 답하고자 한다. 이러한 질문들에 대한 답은 아직 확정되지는 않았다. 그것은 지금 이 순간 우리가 내리는 선택에 의해 결정될 것이다. AI는 우리의 창작 능력을 증폭하는 강력한 도구이지만, 그 도구로 무엇을 만들고 어떤 이야기를 할 것인가는 여전히 우리 창의성의 선택에 달려 있다. 그 선택의 결과로 영화 산업의 미래가, 나아가 영화라는 예술의 미래가 결정될 것이다.

참고문헌

Cho, W.(2024.5.16). Everyone in Hollywood is using AI, but 'they are scared to admit it'. The Hollywood Reporter.

Holben, J.(2024). Virtual production meets AI: The next generation of filmmaking. *American Cinematographer, 105*(3), pp.36~43.

Kermode, M.(2024). Artificial intelligence, authentic emotion: The paradox of AI cinema. *Sight and Sound, 34*(7), pp.34~38.

Keslassy, E.(2024.5.17). Cannes 2024: AI debate dominates industry discussions. Variety.

Masters, K.(2024.2.21). AI's quiet revolution: How studios are secretly embracing new technology. The Hollywood Reporter.

Moreau, J.(2024.10.22). Streaming giants double down on AI content strategies. Variety.

Romney, J.(2024). Digital doubles and virtual performances: AI's impact on acting. *Sight and Sound, 34*(5), pp.22~26.

Schomer, A.(2024.12.17). Ethically trained AI video model to launch in early 2025. Variety.

Variety Intelligence Platform(2024.6.3). The state of generative AI in Hollywood: 2024 mid-year report. Variety.

Vary, A. B.(2024.1.12). AI's growing role in Hollywood: From script to screen in 2024. Variety.

01
AI와 시나리오 창작

AI 시대의 시나리오 창작은 기술과 인문학, 효율성과 창의성, 혁신과 전통 사이의 복잡한 변증법적 관계 속에서 새로운 형태로 진화하고 있다. 앞으로 시나리오 창작은 AI라는 강력한 도구를 활용하면서도 인간 창작자의 고유한 가치를 인정하고 보존하는 방향으로 발전해야 할 것이다. 시나리오 작가들이 직면한 가장 근본적인 질문은 AI 시대에도 변하지 않을 창작의 본질이 무엇인가 하는 것이다.

AI와 1인 창업?

시나리오 창작의 본질에 대한 근본적 질문

AI 기술의 급속한 발전은 영화 제작의 모든 영역에 변화를 가져오고 있지만, 그중에서도 시나리오 창작 분야는 가장 먼저 복합적이고 철학적인 도전에 직면하고 있다.

2022년 말 오픈AI의 챗GPT 공개와 함께 시작된 생성형 AI의 대중화는 단순한 기술적 혁신을 넘어서 창작의 본질과 작가의 정체성에 대한 근본적인 질문을 제기했다. 2023년 5월부터 148일간 지속된 미국의 '시나리오 작가 조합(WGA)' 파업은 이러한 기술적 변화가 창작자들에게 미치는 실존적 불안과 산업 구조의 변화에 대한 우려를 극명하게 드러냈다.

시나리오 창작에서 AI의 활용은 다른 창작 분야와는 질적으로 다른 특성을 보인다. 시각 예술이나 음악과 달리 시나리오는 언어를 매개로 한 내러티브 구조물이며, 동시에 영화라는 최종 결과물을 위한 시작 단계의 창작물이라는 이중적 성격을 갖는다. 이러한 특성은 AI 기술의 도입이 시나리오 작가들에게 미치는 영향을 더욱 복잡하고 다층적으로 만든다. 시나리오는 문학적 완성도를 지니면서 동시에 영화 제작을 위한 설계도이자 예산서, 스타 배우 캐스팅이나 해외 프리 세일즈 시 기획서 역할을 하는 매우 실용적이며 상업적인 창작물이기 때

문이다.

WGA의 2023년 협약에서 도출된 핵심 원칙들은 AI와 인간 창작자 간의 관계를 규정하는 새로운 패러다임을 제시한다. AI는 문학적 자료(literary material)를 작성하거나 재작성할 수 없으며, AI 생성 자료는 원작 자료(source material)로 간주되지 않는다는 명확한 선언은 창작 주체로서의 인간의 지위를 법적으로 보호하려는 시도이며, 시나리오 작품의 저작권자로서 AI를 인정하지 않고 오직 인간인 작가만이 시나리오의 저작권을 갖는다는 의미다.

시나리오 창작 프로세스의 변화와 프롬프트 모델

AI 도구의 도입은 시나리오 창작 프로세스 자체를 근본적으로 재구성하고 있다. 전통적인 시나리오 창작 과정은 아이디어 발굴, 캐릭터 개발, 구조 설계, 대화 작성, 수정과 다듬기의 순차적 단계를 거쳤지만 AI의 활용으로 이러한 단계들이 더욱 유기적이고 반복적인 구조로 변화하고 있다.

작가들은 이제 AI를 활용하여 브레인스토밍 단계에서부터 다양한 가능성을 탐색하고 캐릭터의 배경 설정과 대화 패턴을 실험하며, 플롯의 다양한 변주를 시도할 수 있게 되었다.

이러한 변화에서 가장 주목할 만한 것은 프롬프트 엔지니어링이 새로운 형태의 창작 기법으로 부상하고 있다는 점이다. 효과적인 프롬프트 작성은 단순한 지시문 입력을 넘어서 AI와 창작자 간의 정교한 소통 과정이 되었다. 성공적인 프롬프트는 주제 정의, 스타일 지정, 캐릭터와 상황 설정, 원하는 결과물의 형식과 길이 그리고 원하지 않는 요소들의 명시적 배제를 포함하는 체계적 구조를 요구한다. 예를 들어 "1980년대 뉴욕을 배경으로 한 느와르 스타일의 탐정 이야기, 주인공은 중년의 여성 사립 탐정, 15페이지 분량의 파일럿 에피소드 구성, 과도한 폭력 장면 제외"와 같은 구체적이고 체계적인 프롬프트 구성이 필요하다.

이 과정에서 시나리오 작가의 역할은 전통적인 '창작자'에서 '큐레이터'이자 '편집자'로 확장되고 있다. AI가 생성하는 다양한 옵션 중에서 가치 있는 것을 선별하고, 이를 자신의 창작적 비전에 맞게 재구성하는 능력이 점점 더 중요해지고 있다. 이는 작가에게 새로운 형태의 미학적 판단력과 편집 역량을 요구하는 변화다. 동시에 반복과 개선의 중요성이 더욱 부각되고 있다. AI와의 협업에서는 예상치 못한 결과를 창작 과정의 일부로 받아들이고, 이를 새로운 방향으로 발전시키는 유연성이 필수다.

스튜디오와 시나리오 작가 간의 권력 역학 변화

AI 기술 도입은 할리우드 내부의 권력 구조에도 중대한 변화를 가져오고 있다.

넷플릭스의 공동 CEO 테드 서랜도스(Ted Sarandos)의 "영화 콘텐츠를 50% 더 저렴하게 만드는 것보다 10% 더 좋게 만드는 것이 더 큰 수익을 창출하는 비즈니스다"라는 발언은 스튜디오들이 AI를 비용 절감의 수단보다는 품질 향상의 도구로 인식하고 있음을 시사한다. 그러나 이러한 공식적 입장과는 별개로 실제 제작 현장에서는 AI의 효율성이 창작자들의 고용 안정성에 미치는 영향에 대한 우려가 지속되고 있다.

스튜디오들의 전략적 AI 활용은 최근 더욱 정교한 양상을 보인다. 파인튜닝(Fine-tuning) 기술을 활용하여 스튜디오가 소유한 기존 각본들로 AI 모델을 추가 훈련시켜 특정 스타일이나 구조를 모방하는 맞춤형 모델을 개발하는 시도가 증가하고 있다. 이는 브랜드 정체성 유지와 창작의 일관성 확보라는 스튜디오의 요구를 충족하는 동시에 기존 작가들의 스타일과 기법을 학습 데이터로 활용한다는 점에서 새로운 형태의 지적 재산권(IP) 문제를 제기한다.

장르별 특화 가능성은 AI 활용의 실용적 측면을 더욱 구체화한다. TV 수사물의 정형화된 구조의 에피소드 생성, 장르 영화의 기존 공식을 따르는 시나리오 개발, 특정 감독이나 작가의 작품 스타일 모방 등이 가능해지면서 AI는 단순한 보조 도구를 넘어 창작 과정의 핵심 요소로 자리 잡아 가고 있다. 이러한 변화는 시나리오 작가들에게 장르적 공식과 관습에 대한 더 깊은 이해와 함께 그러한 공식을 뛰어넘는 독창적 요소를 개발하는 능력을 요구한다.

새로운 역할과 직업의 등장

AI의 도입은 시나리오 창작 산업에 새로운 직업을 창출하고 있다.

AI 스크립트 컨설턴트, 프롬프트 엔지니어링 전문가, AI-인간 협업 코디네이터와 같은 직책이 등장하고 있으며 이들은 AI 도구의 효과적 활용과 인간 창작자와의 원활한 협업을 돕는 중요한 역할을 수행한다. 이러한 새로운 역할의 수행은 기술적 이해와 창작적 감수성을 동시에 요구하는 융합형 전문성을 기반으로 한다.

특히 주목할 만한 것은 '창작 가치'의 수호자로서 작가의 새로운 정체성 형성이다. AI가 생성하는 시나리오 콘텐츠는 기술적으로는 완벽할 수 있으나 진정한 인간 경험의 깊이와 복잡성, 문화적 뉘앙스와 감정적 진정성을 담아내는 데는 현재까지는 한계가 있다고 평가된다. 시나리오 작가들은 이러한 '인간적 요소'를 콘텐츠에 불어넣는 역할을 새롭게 맡게 될 것이며, 이는 작가의 사회적 가치와 존재 의미를 재정립하는 기회가 될 수 있다.

시나리오 창작의 미래와 지속 가능한 발전

AI 기술의 지속적인 발전은 시나리오 창작 분야에 더욱 정교하고 강력한 도구를 제공할 것이다.

향후 몇 년 내에 더욱 개선된 AI 언어 모델이 등장할 것이며 이들은 현재보다 훨씬 더 정확한 캐릭터 개발, 대화 작성, 구조적 분석 능력을 갖추게 될 것이다. 동시에 다중 모달 AI의 발전으로 텍스트뿐만 아니라 이미지, 음성, 비디오 등을 통합적으로 처리하는 시나리오 개발 도구들이 등장할 것으로 예상된다.

새로운 스토리텔링 형태의 등장도 기대되는 변화다. AI와의 협업은 기존의 선형적 스토리텔링을 넘어선 새로운 형태의 내러티브 구조와 경험을 가능하게 할 수 있다. 인터랙티브 스토리텔링, 다중 결말 구조, 실시간으로 변화하는 내러티브 등 기존의 시나리오 작성 방식으로는 구현하기 어려웠던 형태의 스토리텔링이 새롭게 부상할 가능성이 있다.

맞춤형 콘텐츠 생산의 확대도 주목할 만한 현상이다. AI 기술 발전으로 시청자 개인의 선호도와 상황에 맞춘 맞춤형 콘텐츠 생산이 가능해질 전망이다. 이는 시나리오 작가들에게 새로운 창작 영역을 열어 줄 수 있으나 동시에 '보편적 작품성'에 대한 새로운 논의를 불러일으킬 것이다.

법적, 윤리적 권리 문제의 정립도 시급한 과제다. AI 생성 콘텐츠의 저작권, 창작자 권리 보호, 공정한 보상 체계, 데이터 사용의 투명성 등에 대한 명확한 가이드라인과 법적 근거가 마련되어야 한다. 현재 진행 중인 다양한 법적 논의와 정책 개발 과정에서 시나리오 작가들의 목소리가 적극적으로 반영되어야 할 것이다.

결국 AI 시대의 시나리오 창작에서 가장 중요한 것은 기술이 아니라 여전히 인간의 상상력과 감성, 그리고 이야기를 통해 세상과 소통하려는 근본적인 욕구일 것이다. 시나리오 작가들이 이러한 본질적 가치를 견지하면서 새로운 기술 환경에 창의적으로 적응해 나간다면 AI는 더 나은 이야기를 만들기 위한 혁신적 동력이 될 것이다.

참고문헌

Fleming Jr., M.(2024.8.22). AI screenwriting tools gain traction in Hollywood despite writer concerns. The Hollywood Reporter.

Heaven, W. D.(2024.6.7). The AI screenwriter's dilemma: Creativity vs. efficiency. Wired.

Kermode, M.(2024). From page to pixel: AI and the future of film writing. *Sight and Sound, 34*(11), pp.34~38.

Kit, B.(2024.9.5). Studios quietly experiment with AI script analysis tools. The Hollywood Reporter.

Lang, B.(2024.7.12). The rise of AI script readers: How algorithms are changing story development. Variety.

Pizzello, S.(2024). From words to images: AI's role in script-to-screen translation. *American Cinematographer, 105*(6), pp.28~35.

Romney, J.(2024). The screenwriter's new assistant: Artificial intelligence in script development. *Sight and Sound, 34*(6), pp.40~43.

Variety Intelligence Platform(2024.6.3). The state of generative AI in Hollywood: Screenwriting revolution. Variety.

Writers Guild of America West(2023). Artificial intelligence and the future of writing: A comprehensive study. WGA Research Report.

02
AI와 영화 프리 프로덕션

영화 제작에서 프리 프로덕션은 전통적으로 시나리오 완성부터 프로덕션에서 촬영 개시 이전까지의 모든 준비 과정을 포괄하는 개념으로 이해되어 왔다. AI 기술의 급속한 발전은 이러한 전통적 프리 프로덕션 개념에 근본적인 변화를 가져오고 있으며, 특히 시각적 이미지의 콘셉트 개발과 촬영으로 이어지는 준비 과정에서 패러다임 전환을 요구하고 있다. 이러한 변화는 단순한 도구의 개선을 넘어서 영화 제작 과정 자체의 구조적 재편을 의미한다.

AI와 MBTI?

영화 제작에서 AI에 의한 프리 프로덕션의 혁명적 변화

생성형 AI 기술의 등장은 프리 프로덕션 과정에서 영화 감독이 아이디어를 구상하고 시각화하는 방식을 혁신적으로 변화시키고 있다. 전통적으로 숙련된 아티스트의 수작업에 의존했던 콘셉트 아트, 스토리보드, 프리 비주얼라이제이션 작업이 이제는 AI의 도움으로 압축적인 짧은 시간과 보다 저렴해진 예산 내에서 실현 가능해졌다.

현재 할리우드를 비롯한 전 세계 영화 산업에서 스튜디오와 메이저 제작사들은 AI 도구를 통해 미리 영화 전체를 애니메이션화된 동영상 스토리보드로 사전 제작해봄으로써 제작의 효율성을 증대하고 비용 절감과 감독의 연출에 대한 스튜디오 통제 가능성에 주목하고 있는 반면, 영화감독이나 촬영 감독 같은 창작자들은 전통적인 창작 프로세스의 보호와 감독과 스태프의 연출권, 자율적인 예술성 보장을 요구하고 있다.

콘셉트 아트와 시각적 이미지 개발에서의 AI 혁명

프리 프로덕션의 핵심 요소인 콘셉트 아트 개발 과정에서 AI 기술의 도입은 가장 드라마틱한 변화를 보여 주고 있다.

전통적인 콘셉트 아트 제작 과정은 감독이나 프로덕션 디자이너의 구상을 콘셉트 아티스트가 해석하여 시각적으로 구현하는 복잡한 의사소통 과정을 거쳤다.

하지만 최근 생성형 AI 도구들, 특히 달리 3(DALL-E 3), 미드저니(Midjourney), 스테이블 디퓨전(Stable Diffusion)과 같은 텍스트-투-이미지(Text to Image) 생성 모델의 등장은 이러한 전통적 워크 플로를 근본적으로 변화시키고 있다. 이제 창작자들은 자연어로 기술된 상세한 프롬프트를 통해 몇 분 내에 다양한 시각적 옵션을 생성할 수 있게 되었다. 이러한 변화는 '창의성을 생각의 속도로(Creativity at the Speed of Thought)'라는 개념으로 설명될 수 있으며, 아이디어 구상과 시각적 실현 사이의 시간적 간극을 획기적으로 단축한다.

각 AI 도구는 고유한 특성과 강점을 보여 주고 있다. DALL-E 3는 복잡한 텍스트 프롬프트의 정확한 해석력에서 뛰어난 성능을 보여 주며, 특히 다중 객체와 복잡한 장면 구성에서 높은 충실도를 나타낸다. 현재 가장 많이 쓰이는 미드저니는 예술적 스타일의 다양성과 미적 완성도에서 독보적인 위치를 차지하고 있으며, 특히 환상적이고 초현실적인 이미지 생성에서 탁월한 능력을 보여 준다. 스테이블 디퓨전은 오픈 소스 기반의 유연성을 제공하여 사용자 정의 모델 개발과 세밀한 파라미터 조정을 가능하게 한다. 어도비 파이어플라이(Adobe Firefly)는 상업적 활용을 위한 윤리적 데이터 세트 기반의 안전한 대안을 제시하며, 기존 어도비 프로그램 생태계와의 원활한 통합을 제공한다.

프롬프트 엔지니어링은 이러한 AI 도구들을 효과적으로 활용하기 위한 새로운 창작 기법으로 부상하고 있다. 성공적인 프롬프트 구성은 주제(subject), 스타일(style), 조명(lighting), 카메라(camera), 분위기(mood), 기술적 사양(technical specifications)의 체계적 조합을 요구한다. 예를 들어 "미래 도시 전경, 사이버펑크 스타일, 네온 조명, 광각 렌즈, 우울한 분위기, 8K 해상도, 하이퍼리얼리스틱"과 같은 전문가적 지식으로 구조화된 프롬프트는 의도한 결과물에 근접한 이미지를 생성할 가능성을 높인다.

고급 제어 기법의 발전은 더욱 정교한 결과물을 가능하게 하고 있다. 스타일 전송(Style Transfer) 기술을 통해 특정 참조 이미지의 시각적 특성을 다른 콘텐츠에 적용할 수 있으며, 이미지 블렌딩(Image Blending)을 통해 여러 이미지 요소를 자연스럽게 결합할 수 있다. 인페인팅(Inpainting)과 아웃페인팅(Outpainting) 기술은 기존 이미지의 특정 영역을 수정하거나 프레임을 확장하는 작업을 가능하게 하여 전통적인 디지털 페인팅 작업을 크게 간소화한다.

스토리보드와 프리 비주얼라이제이션에서의 변화

프리 프로덕션에서 스토리보드는 앨프리드 히치콕 감독이 즐겨 사용한 이후 영화의 시각적 내러티브를 미리 계획하고 소통하는 핵심적 도구로 기능해 왔다.

전통적인 스토리보드 제작은 스토리보드 아티스트가 스크립트와 감독의 의도를 바탕으로 각 숏을 개별 패널로 그려 내는 시간 집약적 과정이었다.

AI 기술의 도입은 이러한 전통적 스토리보드 제작 과정을 근본적으로 재구성하고 있다. 로어 머신(Lore Machine)과 같은 특화된 플랫폼은 3만 단어의 확장된 콘텍스트 윈도 지원을 통해 복잡한 내러티브 구조를 이해하고, 150개 이상의 세밀하게 조정된 아트 스타일을 제공하여 프로젝트 톤과 분위기에 맞는 일관된 시각적 언어를 구현할 수 있게 한다. 더욱 혁신적인 것은 텍스트 스크립트에서 직접 스토리보드나 애니메이션으로의 변환이 가능해졌다는 점이다.

런웨이(Runway)와 피카(Pika) 같은 비디오 생성 AI 도구의 발전은 정적인 스토리보드를 넘어선 동적 프리비주얼라이제이션의 가능성을 열어 주고 있다. 현재 런웨이는 최대 18초 길이의 비디오 클립 생성이 가능하며, 이는 초기 4초에서 크게 확장된 것이다. 비록 여전히 재현성 부족, 신(scene) 간 연속성 문제, 정밀한 제어의 한계 등 기술적 제약이 존재하지만 디렉터 모드와 같은 새로운 제어 기능이 지속적으로 추가되어 카메라 줌, 속도 조정, 카메라 회전 등 기본적인 시네마틱 무브먼트 요소들을 조작할 수 있게 되었다.

3D 환경과 가상 제작을 위한 AI 활용

프리 프로덕션에서의 3D 영상 구축과 가상 제작 준비는 최근 영화 제작에서 점점 더 중요한 작업이 되고 있다.

뉴럴 래디언스 필드(Neural Radiance Fields, NeRF) 기술의 등장은 3D 영상 제작에 혁명적 변화를 가져왔다. NeRF는 2D 이미지의 집합에서 3D 영상 표현을 학습하는 신경망 기반 기술로, 아이폰 같은 스마트폰으로 촬영한 일반적인 비디오에서도 고품질 3D 환경을 생성할 수 있다. 이 기술의 가장 큰 장점은 기존 포토그래메트리

(Photogrammetry) 방식 대비 향상된 반사, 조명, 재질 표현이 가능하다는 점이다. 또한 물리적으로 불가능한 카메라 앵글과 움직임을 구현할 수 있어 창작자들에게 전례 없는 영화적 상상력과 자유를 제공한다.

가상 제작에서 NeRF의 활용은 특히 실용적이다. LED 볼륨용 영상 콘텐츠의 효율적 생성을 통해 복잡한 3D 모델링 작업을 대체할 수 있으며, 실제 로케이션 방문 없이도 사실적인 3D 영상 구축이 가능해져 프로덕션 비용과 시간을 크게 절약할 수 있다. 이는 특히 접근이 어려운 로케이션이나 위험한 환경 또는 역사적 장소나 가상 세계를 배경으로 하는 프로젝트에서 매우 유용하다.

텍스트-투-생성 기술의 발전도 주목할 만하다. 엔비디아의 GET3D, 인텔의 LDM3D, 스테이블 AI의 스테이블 3D와 같은 도구들은 텍스트 프롬프트에서 직접 3D 모델을 생성하거나 2D 이미지를 3D 영상으로 변환하는 기능을 제공한다. 비록 아직 전문적인 3D 모델링 도구의 정밀도와 제어력에는 미치지 못하지만 초기 콘셉트 개발과 빠른 프로토타이핑에서는 매우 유용한 도구로 활용되고 있다.

큐브릭(Cuebric)과 같은 상용 플랫폼은 이러한 기술들을 통합하여 실용적인 워크 플로를 제공하고 있다. 큐브릭의 시스템은 텍스트 프롬프트나 2D 스케치 업로드에서 시작하여 스테이블 디퓨전 기반의 시네마틱 렌더링을 거쳐 자동 객체 레이어 분할과 인페인팅/아웃페인팅 도구를 통한 세부 수정, 그리고 해상도 업스케일링 및 최종 출력까지 체계적 프로세스를 제공한다.

실시간 렌더링 호환성은 이러한 AI 영상 생성 환경을 기존 프로덕션 파이프라인과 통합하는 데 중요한 요소다. 디스가이즈(Disguise) 카메라 트래킹 소프트웨어와의 호환성, 언리얼 엔진(Unreal Engine), 유니티(Unity), 오토캐드(AutoCAD), 마야(Maya) 등으로의 원활한 내보내기 기능은 AI로 생성된 자산들이 전통적인 VFX 워크 플로에 자연스럽게 통합될 수 있게 한다.

캐릭터 디자인과 의상 개발에서의 AI 응용

프리 프로덕션에서 캐릭터 디자인과 의상 개발은 영화의 시각적 아이덴티티를 구축하는 핵심적 요소다.

캐릭터 디자인에서 AI의 활용은 특히 초기 콘셉트 개발 단계에서 혁신적인 가능성을 보여 준다. 전통적으로 캐릭터의 외형, 성격, 배경 등을 종합적으로 고려한 시각적 표현을 만들어 내는 과정은 디자이너의 직관과 경험에 크게 의존했다. 이제 AI 도구를 통해 창작자들은 "중

년의 전직 군인, 거친 수염, 회의적인 표정, 낡은 가죽 재킷"과 같은 상세한 설명을 바탕으로 즉시 다양한 캐릭터 버전을 생성할 수 있다. 이러한 빠른 반복 작업은 캐릭터의 시각적 가능성을 탐색하고 감독, 프로듀서와의 의사소통을 원활하게 하는 데 큰 도움이 된다.

특히 주목할 만한 것은 파인튜닝을 통한 특화된 캐릭터 모델 개발이다. 기존 프랜차이즈나 특정 스타일의 이미지들로 추가 훈련된 AI 모델은 해당 IP의 시각적 특성을 일관되게 유지하면서 새로운 캐릭터나 상황을 생성할 수 있다. 예를 들어 스타워즈 프랜차이즈의 이미지들로 훈련된 모델은 기존 스타워즈 세계관과 조화를 이루는 새로운 캐릭터들을 생성할 수 있으며, 이는 시퀄(속편)이나 스핀오프 프로젝트의 초기 개발에서 매우 유용하다.

의상 디자인 영역에서도 AI는 중요한 변화를 가져오고 있다. 의상 디자이너들은 이제 역사적 의상 스타일, 특정 문화의 전통 복식, 미래적 패션 콘셉트 등을 AI를 통해 빠르게 탐색하고 변형할 수 있다. "1920년대 플래퍼 드레스를 미래적으로 재해석한 디자인"이나 "중세 기사 갑옷에서 영감을 받은 현대적 정장"과 같은 복합적 콘셉트도 AI의 도움으로 시각적으로 구현할 수 있다. 이는 의상 디자이너들이 더욱 창의적이고 실험적인 접근을 시도할 수 있게 하며 클라이언트와의 커뮤니케이션에서도 명확한 시각적 참조 자료를 제공한다.

프로덕션 파이프라인의 통합과 워크 플로 최적화

AI 기술의 도입은 프리 프로덕션의 개별 작업들을 개선하는 것을 넘어서 전체 프로덕션 파이프라인의 통합과 최적화에 기여하고 있다.

전통적으로 프리 프로덕션의 각 단계는 순차적으로 진행되었으며 한 단계를 완료한 후에야 다음 단계를 진행할 수 있었다. 그러나 AI 도구의 빠른 생성 능력은 이러한 선형적 워크 플로를 더욱 유연하고 반복적인 구조로 변화시키고 있다.

프리 비주얼라이제이션과 실제 촬영 준비 과정의 연결도 더욱 긴밀해지고 있다. AI로 생성된 환경과 캐릭터 콘셉트가 즉시 3D 모델링 소프트웨어나 가상 제작 환경으로 전송되어 촬영 계획 수립과 세트 디자인에 직접 활용될 수 있다. 이러한 통합적 접근은 프리 프로덕션에서 프로덕션으로의 전환을 더욱 부드럽게 만들며 초기 비전과 최종 결과물 간의 일관성을 높인다.

버전 관리와 협업 시스템도 AI 도입에 맞춰 진화하고 있다. AI가 생성하는 대량의 시각적 자산을 효율적으로 관리하고 팀 멤버 간에 공유하기 위한 새로운 도구들이 개발되고 있다. 클라우드 기반의 협업 플랫폼은 AI 생성 프롬프트, 설정값, 결과물을 체계적으로 저장하고 검색할 수 있는 기능을 제공하며, 이는 대규모 프로젝트에서 창작 과정의 투명성과 재현성을 보장한다.

프리 프로덕션에서 창작자 역할의 진화와 새로운 직업의 등장

AI 기술의 프리 프로덕션 도입은 기존 창작자들의 역할에 근본적인 변화를 가져오고 있다.

새로운 직업의 등장도 주목할 만한 변화다. AI 아트 디렉터는 다양한 AI 도구를 통합적으로 활용하여 프로젝트의 시각적 비전을 구현하는 전문가로, 프롬프트 엔지니어링의 전문 지식과 함께 전통적인 아트 디렉션 역량을 겸비해야 한다. 비주얼 AI 스페셜리스트는 스튜디오의 AI 워크 플로를 설계하고 관리하며, 파인튜닝 모델의 개발과 품질 관리를 담당하는 기술-예술 융합형 전문가다. 스토리보드 아티스트도 유사한 변화를 경험하고 있다. AI 기반 애니메틱스 제작 도구의 등장으로, 이들의 역할은 개별 패널 제작에서 전체 시퀀스의 내러티브 구조와 시각적 리듬을 설계하는 더욱 거시적인 영역으로 확장되고 있다. 이는 영화 언어와 스토리텔링에 대한 깊은 이해를 바탕으로 한 고차원적 창작 활동으로의 진화를 의미한다.

참고문헌

Arkenberg, C. et al.(2025). Generative AI and Hollywood: Predictions for media, technology & telecommunications. Deloitte Insights.

Kermode, M.(2024). Artificial intelligence and the art of pre-visualization. *Sight and Sound, 34*(9), pp.45~48.

McKinsey & Company(2024). The state of AI in entertainment: Pre-production revolution. McKinsey Global Institute.

Metz, C.(2024.3.15). Hollywood's AI arms race: How studios are using machine learning in pre-production. Wired.

PwC(2024). AI in media & entertainment: Pre-production transformation report. PricewaterhouseCoopers Entertainment & Media Outlook.

Schomer, A.(2024.12.17). Ethically trained AI video model to launch in early 2025 targeting Hollywood clients(exclusive). Variety.

Sight and Sound(2024.12.12). 2024: The year in AI-Pre-production revolution. British Film Institute.

03
AI와 영화 프로덕션

영화는 태생적으로 기술과 예술의 결합체였다. 뤼미에르 형제의 시네마토그래프부터 디지털 시네마에 이르기까지 영화사는 곧 기술 혁신의 역사였으며, 각각의 기술적 진보는 새로운 영화 언어와 미학적 가능성을 창조해 왔다. AI 등장은 영화 연출, 촬영, 조명, 프로덕션 디자인 등 영화의 핵심적 프로덕션 제작 영역에서 단순한 도구를 넘어 창작 파트너로서의 역할을 수행하기 시작했다.

AI와 난임 극복?

새로운 영화 제작 도구의 등장

생성형 AI 기술의 급속한 발전은 영화 제작의 모든 단계에 전례 없는 변화를 가져오고 있다. 2024년 오픈AI의 소라, 구글 딥마인드의 베오(Veo), 런웨이의 젠 3(Gen-3)와 같은 비디오 생성 모델들은 텍스트 프롬프트만으로도 영화적 품질의 영상을 생성할 수 있는 수준에 도달했다. 이러한 기술적 혁신은 전통적인 영화 제작 워크 플로에 근본적인 질문을 던지고 있다. 과연 AI는 영화 제작 프로덕션을 어떻게 변화시킬 것인가?

새로운 연출 도구로서의 AI

영화 연출은 본질적으로 복합적인 의사 결정의 연속이다. 연출가는 시나리오 해석부터 시작하여 캐스팅, 미장센 구성, 촬영 방법 결정, 배우 연기 지도, 편집 방향 설정에 이르기까지 수천 개의 크고 작은 결정을 내려야 한다.

AI 기술은 이러한 의사 결정 과정에서 연출가에게 전례 없는 분석적 통찰과 창작적 영감을 제공하고 있다.

비디오 생성 AI의 등장으로 감독은 프로덕션 단계에서 자신의 연출 비전을 촬영이라는 물리적 재현 과정 없이 구체적으로 시각화할 수 있게 되었다. 예컨대 감독이 상상하는 특정 장면이나 신을 텍스트 프롬프트 묘사만으로도 영상으로 구현해 볼 수 있으며, 이를 통해 시나리오에서의 문자가 감독의 상상력을 거쳐 바로 영상으로 재현되는 아주 빠른 이미지화가 가능해졌다. 이러한 AI 생성 영상들은 프리 프로덕션에서의 스토리보드나 프리 비주얼라이제이션 같은 단순한 아이디어 스케치를 넘어서 실제 촬영에서 참조할 수 있거나 혹은 작품 그 자체로 사용할 만한 기술적 수준을 갖는다.

연출 현장에서 AI는 실시간 조력자 역할을 수행한다. 컴퓨터 비전 기술을 활용한 AI 시스템은 촬영 중인 장면을 실시간으로 분석하여 구도, 조명, 배우의 연기 등에 대한 즉각적인 피드백을 제공한다. 예를 들어 AI는 배우의 시선 방향이 연출 의도와 일치하는지, 프레임 내에서 시각적 균형이 적절히 유지되고 있는지를 실시간으로 모니터링하고 조언을 제공할 수 있다.

AI 기술이 가져온 또 다른 혁신은 실시간 창작과 반복적 실험의 가능성이다. 감독은 촬영 현장에서 실시간으로 최종 결과를 확인하며 연출할 수 있게 되었다. 이는 포스트 프로덕션에서나 가능했던 시각적 효과를 프로덕션 단계로 끌어올림으로써 감독의 창작적 통제력을 극대화한다.

실제 영화 연출에서 AI 활용 사례: 로버트 저메키스 감독의 〈히어〉

할리우드의 대표적인 감독 중 하나인 로버트 저메키스 감독의 2024년 작품 〈히어(Here)〉는 AI 영화 기술을 실제 영화 제작 현장에 성공적으로 사용한 대표적 사례로 평가받는다.

이 영화에 사용된 메타피직 라이브(Metaphysic Live) 기술은 AI 기반 실시간 디에이징(De-aging) 기술의 정점을 보여 준다.

〈히어〉 제작 과정에서 가장 혁신적인 점은 AI 기술이 영화 촬영 현장에서 실시간으로 적용되었다는 것이다. 전통적인 디에이징 작업이 포스트 프로덕션에서 몇 달에 걸쳐 진행되던 것과 달리 AI 기술은 톰 행크스와 로빈 라이트의 얼굴을 촬영과 동시에 젊게 변환했다. 이는 연출가가 최종 결과물을 즉시 확인하고 연출 결정에 반영할 수 있게 해 주었다.

기술적 측면에서 볼 때 〈히어〉에서 사용된 AI 시스템은 배우의 실시간 퍼포먼스 데이터를 분석하여 얼굴 근육 움직임, 표정 변화, 감정 표현까지 모두 고려한 자연스러운 디에이징을 구현했다. 이는 단순히 젊은 얼굴을 덧씌우는 것이 아니라 배우의 연기 뉘앙스와 감정적 미묘함까지 보존하면서 나이를 되돌리는 것이었다.

연출적 관점에서 이러한 실시간 AI 기술의 활용은 연출가의 창작 방식 자체를 변화시켰다. 저메키스 감독이 인터뷰에서 "기술이 스토리텔링을 돕는다"고 언급했듯이 AI 기술은 기술적 제약에서 벗어나 더욱 창작적인 영역에 집중할 수 있게 해 주었다. 배우들 또한 복잡한 분장이나 마스크 없이 자연스러운 연기에 집중할 수 있었으며, 이는 배우의 연기력 향상뿐만 아니라 영화 자체의 완성도 향상으로 이어졌다.

배우의 새로운 메소드: 디지털 퍼포먼스의 확장

AI 기술은 배우에게 전례 없는 연기적 가능성을 제공하고 있다. 가장 직접적인 변화는 나이, 외모, 심지어 물리적 형태의 제약에서 벗어날 수 있게 된 것이다.

디에이징과 에이징 기술을 통해 배우들은 자신의 실제 나이와 상관없이 다양한 연령대의 역할을 소화할 수 있게 되었다. 이는 단순히 메이크업이나 프로스테틱의 발전을 넘어서 배우의 본질적인 연기력과 표현력에 집중할 수 있게 해 주는 혁신이다.

마즈(MARZ)의 배니티(Vanity) AI나 메타피직의 실시간 얼굴 교체 시스템과 같은 기술은 배우들이 물리적 위험 없이도 액션 시퀀스에 참여할 수 있게 해 준다. 스턴트 더블의 얼굴을 주연 배우의 얼굴로 실시간 교체하는 기술은 보험 비용 절감과 안전성 향상이라는 실용적 이익을 제공할 뿐만 아니라 배우가 더욱 다양하고 위험한 상황의 연기에 도전할 수 있도록 기회를 열어 준다.

AI 기술의 도입은 배우의 연기 방법론에도 근본적인 변화를 가져오고 있다. 플로리스(Flawless)의 딥에디터(DeepEditor)와 같은 기술들이 포스트 프로덕션에서 대사 수정을 가능하게 함에 따라 배우들은 완벽한 대사 전달에 대한 부담에서 벗어나 감정적 진실성과 캐릭터의 내적 동기에 더욱 집중할 수 있게 되었다. 이는 연기의 본질을 기술적 완성도에서 감정적 몰입으로 이동시키는 중요한 변화다.

AI 기술 발전은 디지털 배우의 초상권과 퍼포먼스 권리에 대한 새로운 질문을 제기한다. 배우의 얼굴과 목소리, 연기 스타일을 학습한 AI가 해당 배우 없이도 퍼포먼스를 생성할 수 있게 되면서 배우의 동의와 보상에 대한 복잡한 법적, 윤리적 이슈가 대두되고 있다. 이는 단순히 기술적 문제를 넘어서 영화 산업의 구조적 변화를 요구하는 근본적인 도전이다.

영화 촬영과 조명 시스템에서의 AI 혁신

촬영 감독의 역할은 AI 기술 도입으로 극적인 변화를 겪고 있는 분야 중 하나다.

전통적으로 촬영 감독은 물리적 카메라와 조명 장비를 통해 이미지를 촬영하고 스크린에 재현해 왔지만, 이제 AI는 완전히 새로운 형태의 '상상 속 카메라(Camera in Imagination)'를 제공하고 있다. 영상 생성형 AI 3세대 모델은 물리적으로 불가능한 카메라 움직임과 앵글을 구현할 수 있으며, 이는 영화 촬영의 언어를 확장하고 있다.

AI 기반 카메라 시스템의 가장 혁신적인 측면은 지능형 오토포커스와 피사체 추적 기능이다. 전통적인 오토포커스 시스템이 단순히 거리 정보에 의존했다면 AI 기반 시스템은 피사체의 중요도, 감정적 상태, 연기 의도까지 종합적으로 고려하여 포커스를 결정한다. 예를 들어 두 명의 배우가 대화하는 장면에서 AI는 대화의 주도권, 감정적 강도, 시선의 방향 등을 실시간으로 분석하여 어느 배우에게 포커스를 맞출 것인지를 지능적으로 판단한다.

카메라 움직임의 자동화는 AI 촬영의 또 다른 중요한 영역이다. AI 시스템은 장면의 감정적 톤, 이야기의 전개 상황, 배우의 움직임 패턴 등을 종합적으로 분석하여 최적의 카메라 움직임을 제안하거나 자동으로 실행할 수 있다. 긴장감을 조성해야 하는 장면에서는 불안정한 핸드헬드 움직임을, 서정적인 장면에서는 부드러운 슬라이딩 움직임을 자동으로 선택한다. 이러한 AI의 개입은 촬영 감독이 기술적 세부 사항에 얽매이지 않고 창작적인 영역에 더욱 집중할 수 있게 해 준다.

멀티 카메라 촬영에서 AI의 활용은 특히 혁신적이다. 카메라 여러 대가 동시에 작동하는 상황에서 AI는 각 카메라의 앵글과 설정을 실시간으로 조정하여 최적의 마스터 숏 커버리지를 보장한다. 배우의 즉흥적인 움직임이나 예상치 못한 상황에도 AI는 즉각적으로 반응하여 모든 카메라가 중요한 순간을 놓치지 않도록 조율한다. 이는 특히 다큐멘터리나 리얼리티 기반 촬영에서 그 가치를 발휘한다.

AI가 제공하는 스타일 트랜스퍼 기능들은 촬영 감독이 특정한 시각적 스타일이나 회화적 효과를 영상에 적용할 수 있게 해 준다. 이는 단순한 필터 효과를 넘어서 영화 전체의 시각적 톤과 무드를 일관성 있게 구현할 수 있는 강력한 도구가 된다. 예컨대 특정 화가의 화풍이나 역사적 시대의 시각적 특성을 영화 전체에 자연스럽게 적용할 수 있으며, 이를 통해 새로운 형태의 시각적 스토리텔링이 가능해진다.

AI 기반 조명 시스템의 핵심은 감정 인식과 자동 조명 설정의 결합이다. AI는 시나리오의 텍스트 분석을 통해 각 장면의 감정적 톤을 파악하고, 이에 상응하는 조명 디자인을 자동으로 생성한다. 예를 들어 슬픔을 표현하는 장면에서는 차가운 색온도와 강한 그림자 대비를, 기쁨을 표현하는 장면에서는 따뜻한 색온도와 부드러운 확산광을 제안한다. 이러한 AI의 제안은 조명 감독의 창작적 판단을 대체하는 것이 아니라 출발점을 제공하는 역할을 한다.

실시간 조명 조정은 AI 조명 시스템의 혁신적인 기능 중 하나다. 촬영 중 배우의 움직임, 표정 변화, 감정 상태를 실시간으로 모니터링하여 조명을 자동으로 조정한다. 배우가 감정적 절정에 도달하는 순간 조명의 강도를 미세하게 증가시키거나 갈등 상황에서 그림자의 각도를 조정하여 극적 효과를 극대화한다. 이러한 실시간 조정은 인간의 반응 속도로는 불가능한 정밀함과 즉시성을 제공한다.

AI 기술은 조명 감독이 특정 시대나 지역의 조명 특성을 정확히 재현할 수 있게 해 준다. 예를 들어 19세기 촛

불 조명의 특성이나 1940년대 필름 누아르의 독특한 조명 스타일을 AI가 분석하고 재현할 수 있으며, 조명 감독은 이러한 역사적 레퍼런스를 현대적 기술로 정확히 구현할 수 있다. 이는 시대극이나 장르 영화에서 특히 중요한 의미를 갖는다.

AI 기반 프로젝트 관리: 애자일 프로듀싱

AI 기반 프로젝트 관리 시스템인 애자일 프로듀서(Agile Producer)와 같은 도구들은 프로듀서의 업무 방식을 근본적으로 변화시키고 있다.

이러한 시스템은 MS 코파일럿(Copilot)이나 챗GPT와 연동되어 고도화된 인공지능 프로듀서 역할을 수행할 수 있다. 프로듀서들은 이제 복잡한 제작 일정, 예산 관리, 리소스 할당을 AI의 도움으로 실시간으로 최적화할 수 있으며 문제점을 사전에 예측하고 대응할 수 있게 되었다.

특히 글로벌 프로덕션에서 시차와 지리적 제약을 극복해야 하는 현대적 도전에 직면해 있으며, AI는 이에 대한 획기적인 설루션을 제공한다. 여러 국가에 분산된 제작 팀 간의 협업을 AI가 조율하고, 각 지역의 제작 진행 상황을 실시간으로 통합 관리할 수 있어 프로듀서의 업무 효율성이 크게 향상되었다.

생성형 AI 기술과 영화 제작의 새로운 패러다임

생성형 AI 기술의 영화 프로덕션 도입은 단순한 도구의 변화를 넘어서 영화 제작의 근본적 패러다임을 재정의하고 있다. 감독, 배우, 촬영 감독, 프로덕션 디자이너 등 모든 창작진의 역할이 확장되고 새롭게 정의되면서 영화 언어 자체가 진화하고 있다.

앞으로의 영화 제작에서는 전통적인 영화 제작 기술과 AI 기술을 모두 이해하고 효과적으로 결합할 수 있는 새로운 형태의 창작자가 등장할 것이다. 이들은 기존 영화적 표현 방식의 한계를 넘어서는 새로운 시각적 언어를 창조하며 관객들에게 이전에는 경험할 수 없었던 몰입감과 스펙터클을 제공할 것이다.

참고문헌

Arkenberg, C. et al.(2025). Generative AI and Hollywood: Predictions for media, technology & telecommunications. Deloitte Insights.

Barnes, B.(2024.1.25). Hollywood's careful dance with artificial intelligence. The New York Times.

CBR(2023.2.1). Tom Hanks, Robert Zemeckis' new film will utilize deepfake AI technology.
Digital Hollywood(2024). AI and the future of Hollywood 2024.
IndieWire(2024.6.26). Here trailer: Tom Hanks and Robin Wright are de-aged for Robert Zemeckis' risky AI epic.
Kilkenny, K.(2025.1.31). How production shifted since the strikes, and where execs are looking to film in 2025. The Hollywood Reporter.
Motion Picture Association(2024a). Global box office and AI technology report 2024. MPA Industry Statistics.
Motion Picture Association(2024b). Theme report: Artificial intelligence in film production and distribution. MPA Research Division.
Schomer, A.(2024.12.17). Ethically trained AI video model launch in 2025 for Hollywood studios. Variety.
Sight and Sound(2024.12.12). 2024: The year in AI. British Film Institute.

04
AI와 영화 포스트 프로덕션

최근 영화 포스트 프로덕션 업계에서 AI 기술의 등장은 편집, 사운드 디자인, VFX, 컬러 그레이딩으로 이어진 기존 포스트 프로덕션 작업 플랫폼에 대한 근본적인 패러다임 변화를 야기하고 있다. AI 기술 도입은 단순한 디지털 영화 작업 도구의 개선을 넘어서 영화 제작자가 창작 과정에서 갖는 상상력의 한계를 확장하고 제작 효율성을 극대화하며 궁극적으로는 영화적 표현 양식 자체를 혁신하는 동력으로 작용하고 있다.

AI와 사주?

영화 포스트 프로덕션의 AI 혁명

포스트 프로덕션은 전통적으로 촬영이 완료된 후 소스 영상과 사운드를 최종 작품으로 변환하는 모든 과정으로 정의되어 왔다.

AI 기술의 포스트 프로덕션 분야 도입은 단순한 기술적 개선을 넘어서 영화 제작 패러다임 자체의 근본적 변화를 의미한다. 편집, 사운드 디자인, VFX, 컬러 그레이딩 각 분야에서 AI는 창작자의 상상력을 확장하고 기술적 한계를 극복하며 새로운 표현 가능성을 열어 주고 있다. 그러나 이러한 변화가 인간 창작자의 역할을 완전히 대체하는 것은 아니라는 점은 명확하다.

앞으로 AI 기술이 더욱 발전함에 따라 포스트 프로덕션 분야에서의 혁신은 계속될 것으로 예상된다. 이러한 변화의 물결 속에서 영화 제작자들은 새로운 기술을 창의적으로 활용하면서도 영화 고유의 예술적 가치와 인간적 감성을 잃지 않는 균형점을 찾아 나가야 할 것이다. 결국 AI 시대의 포스트 프로덕션은 기술과 예술, 효율성과 창의성이 조화롭게 결합되는 새로운 영화 제작 환경을 구축해 나가는 과정이 될 것이다.

영화 편집과 AI 기술 혁신

영화 편집은 영화 제작에서 핵심적인 포스트 프로덕션 작업 과정 중 하나로 수많은 촬영 푸티지 중에서 최적의 테이크를 선별하고 이를 효과적으로 조합하여 서사적 흐름을 구성하는 작업이다.

AI 기술의 도입으로 편집 과정은 근본적인 변화를 겪고 있다. 어도비 센세이(Adobe Sensei)와 런웨이 ML(Runway ML) 같은 AI 모델이 영화 편집 과정에 혁신을 가져오고 있으며, 자동 편집 및 시각 효과 적용이 클릭 몇 번만으로 가능해졌다. AI 학습에 쓰이는 머신러닝 알고리즘을 활용한 자동 편집 시스템들은 방대한 영상 데이터를 분석하여 최적의 컷 포인트를 식별하고 장면 간의 연결성(Continuity)을 평가하며, 심지어 감정적 톤과 리듬감까지 고려한 독창적인 편집 스타일을 자동으로 생성할 수 있게 되었다.

최근 주목받는 AI 편집 모델 중 하나는 헤이에디(HeyEddie.ai)로 편집 업계의 챗GPT로 불린다. 프롬프트 기반의 작업 흐름을 통해 인터뷰 중심 콘텐츠, 특히 멀티 카메라 촬영분에 대한 러프 컷(Rough Cut) 과정을 몇 초 만에 자동으로 완료할 수 있게 해 준다. 사용자가 단순히 "더 강렬한 훅이 필요해" 또는 "짧고 펀치감 있는 편집 버전으로"라고 요청하면 AI가 에이 롤(A-roll)과 비 롤(B-roll)을 분석하여 최소한의 수정만 필요한 러프 컷을 생성한다. 다빈치 리졸브(DaVinci Resolve)의 뉴럴 엔진(Neural Engine)도 2024년 이후 AI 기술이 대폭 강화되었으며 얼굴 인식, 스마트 리프레이밍, 스피드 랩(Speed Warp) 리타이밍 기능을 통해 AI 머신러닝 기술을 결합하여 슬로 모션 촬영 없이도 편집 작업에서 부드러운 슬로 모션 생성이 가능해졌다. 이러한 시스템들은 영상 내 객체 인식, 얼굴 표정 분석, 음성 텐션 파악 등을 통해 각 숏의 감정적 무게와 서사적 기능을 자동으로 평가한다. 예를 들어 자동 편집 AI 모델은 배우의 미세한 표정 변화를 분석하여 가장 강렬한 감정적 순간을 포착하고, 이를 바탕으로 최적의 편집 점을 편집자에게 제안할 수 있다. 또한 대화 장면에서는 배우의 시선 방향, 제스처, 음성의 강약을 종합적으로 분석하여 자연스러운 컷 타이밍을 계산하는 것이 가능해졌다.

영국의 영화 편집자 조니 엘윈(Jonny Elwyn)은 자신의 AI 편집 툴 실제 사용 경험을 상세히 공유하고 있다. 그는 시너리(Scenery)라는 AI 편집 모델에 대해 "인터뷰의 1분 컷 클립을 만들어라. 매력적인 오프닝을 주고 답변되지 않는 질문을 던지고 비디오 편집에 대한 간결한 통찰이 포함되어야 한다"라는 프롬프트를 사용했을 때 "결과는 아주 정확했다"고 언급했다.

또한 오토팟(Autopod) 플러그인에 대해서는 "화자를 따라 앵글을 전환하는 멀티 카메라 인터뷰 편집처럼 반복적이지만 시간이 많이 소요되는 단순 작업을 오토팟은 몇 시간이 아닌 몇 분 만에 완료해 첫 번째 편집본을 제공했다"고 설명했다. 애비드 미디어 컴포저(Avid Media Composer)의 새로운 애비드 디지털 어시스턴트(Avid Digital Assistant, ADA) AI 자동 편집 툴에 대해서는 "애비드 지원 기술에 대한 완전한 지식을 가지고 있어서 ADA와 채팅하며 사용 중인 크리에이티브 모델 내에서 문제를 해결하는 방법을 찾을 수 있다"고 평가했다.

영화 사운드 디자인의 AI 기술 혁신

영화에서 사운드는 관객의 몰입도와 감정적 반응에 직접적인 영향을 미치는 중요한 구성 요소다.

AI 기술의 발전은 사운드 디자인과 음향 포스트 프로덕션 영역에서도 혁신적인 변화를 가져오고 있다. 다빈치 리졸브의 뉴럴 엔진은 보이스 아이설레이션(Voice Isolation) 기능을 통해 오디오 녹음에서 배경 노이즈를 제거하고, AI 기술을 기반으로 배우의 대사와 대화에서

각기 다른 목소리를 분리하는 자동화된 툴을 제공한다. 특히 AI 머신러닝을 활용한 음향 처리 기술은 전통적인 영화 녹음 작업 과정에서 여러 가지 기술적 한계를 뛰어넘는 새로운 가능성을 열어 주고 있다.

구글은 2024년 1월 AI 기반 음성 생성을 활용한 자동 더빙 AI 모델을 출시했으며, 이는 국제적 배급을 위한 다국어 더빙 작업에서 혁명적인 변화를 가져오고 있다. 어도비 센세이 역시 어도비 편집 프로그램 프리미어 프로(Premiere Pro)와 애프터 이펙트(After Effects)에서 오디오 전사, 자동 자막 생성 그리고 AI 기반 음성 품질 향상 기능을 제공하고 배우들의 대사 사운드 정리와 배경 소음 제거 작업을 자동화하는 기능을 추가했다.

할리우드의 사운드 편집자, 사운드 디자이너, 영화 녹음 믹싱 기사들은 향후 몇 년 내에 상당한 수작업으로 진행되던 사운드 디자인 영역이 생성형 AI 기술로 대체될 것으로 예상했다. 과거에는 사운드 녹음의 배경 속에 섞여 있는 소음 제거, 에코 감소, 음질 개선 등의 작업 시 오랜 기간 숙련된 사운드 엔지니어의 경험과 정교한 수작업을 필요로 했지만, 이제는 AI 머신러닝 알고리즘으로 자동으로 이러한 문제들을 식별하고 수정할 수 있게 될 것으로 예측한다. 이미 할리우드 영화 녹음 작업에서 사용되는 AI 딥러닝 네트워크는 깨끗한 음성과 노이즈가 섞인 음성의 패턴을 학습하여 복잡한 음향 환경에서도 원하는 소리만을 분리해 내는 놀라운 능력을 보여 줬다.

아마존 프라임 비디오(Amazon Prime Video)가 2025년 3월부터 시작한 AI 자동 더빙 파일럿 프로그램은 국제 영화 판매 시장에 혁신을 가져오고 있다. 이 프로그램은 기존에 더빙이 제공되지 않았던 라이선스 영화와 시리즈 열두 편에 대해 영어와 라틴 아메리카 관객을 위한 스페인어로 AI 지원 더빙을 자동으로 제공하며, 이런 사례에 〈엘 시드: 전설의 영웅〉(2004), 〈미 맘마 로라(Mi mamá Lora)〉(2016), 〈롱 로스트(Long Lost)〉(2019) 등의 영화와 드라마가 포함되어 있다.

AI 기술은 딥페이크 기술을 사용해서 이미 녹음된 대화 음성의 자연스러운 조작을 가능하게 한다. 배우의 음성을 분석하여 발음 오류를 자동으로 수정하거나, 촬영 후에 대사를 수정해야 하는 경우 재촬영이나 후시 녹음 없이 원래 배우의 음성과 동일한 톤과 억양으로 대사를 수정하고 생성할 수 있다.

VFX 분야의 AI 혁명적 변화

시각 효과(VFX) 분야는 AI 기술의 도입으로 극적인 변화를 경험하고 있는 영역 중 하나다.

마블 스튜디오의 영화 〈데드풀과 울버린〉(2024)에는 디지털 아티스트 231명이 크레디트에 기록되었지만, AI 기술이 도입되면 VFX 작업에서 80% 이상 인력 감축이 가능할 것으로 예상되고 있다. 전통적으로 VFX 작업은 고도로 숙련된 아티스트들의 수개월에 걸친 정교한 작업을 필요로 했지만, AI 기술 발전으로 이러한 과정이 근본적으로 재편되고 있다. 최근 실사 영화에서 CG 처리의 핵심 기술은 딥페이크 기술과 디지털 휴먼 제작에 집중되고 있다. 특히 AI 머신러닝과 컴퓨터 비전 기술의 결합은 VFX 파이프라인의 모든 단계에서 혁신을 가져오고 있다.

디지털 도메인(Digital Domain)은 마블 스튜디오의 슈퍼히어로 시리즈인 〈어벤져스: 인피니티 워〉(2018)에서 AI 기반 매스커레이드(Masquerade) 페이셜 캡처 시스템을 사용하여 배우 조시 브롤린의 연기를 타노스 캐릭터에 중첩시켰으며, 이는 실사 배우가 지은 실제 표정과 감정을 CG 캐릭터에 완벽하게 전사하는 기술적 혁신을 보여 주었다.

런던의 VFX 스튜디오 프레임스토어(Framestore)는 실사 영화 〈명탐정 피카츄〉(2019)에서 배우 빌 나이의 캐릭터를 젊게 만드는 작업에 AI 딥페이크 기술을 적용했으며, 이는 실사 영화에서 AI 기반 얼굴 교체 기술의 실제 적용 사례가 되었다.

마블 시네마틱 유니버스(MCU)는 영화 〈캡틴 마블〉(2023)과 〈앤트맨과 와스프〉(2023)에서 배우 새뮤얼 L. 잭슨과 미셸 파이퍼를 디지털 기술로 젊게 만드는 디에이징 작업에 AI를 적극 활용한 바 있다. 특히 세계적인 CG 회사 인더스트리얼 라이트 앤드 매직(Industrial Light & Magic, ILM)은 렌더 팜에서 AI를 사용하여 컴퓨터 그래픽과 디지털 비주얼 이펙트의 워크 플로를 관리하고 있으며, ILM의 VFX 슈퍼바이저 롭 브레도는 AI 머신러닝 알고리즘이 숙련된 VFX 아티스트들의 작업을 약 80～90% 수준의 효율성으로 재현했다고 설명했다.

로버트 저메키스 감독의 영화 〈히어〉는 메타피직 라이브라는 AI 도구를 광범위하게 사용하여 나이 든 배우 톰 행크스와 로빈 라이트를 실시간으로 젊게 만드는 작업을 수행했다. 이 기술은 해상도 포토리얼리스틱 페이스스와프(Faceswap)와 디에이징 효과를 배우의 연기 위에 실시간으로 적용하며 포스트 프로덕션에서 추가적인 컴퓨터 그래픽 컴포지팅이나 VFX 작업이 필요 없다는 것이 특징이다.

라이징 선 픽처스(Rising Sun Pictures, RSP)는 마블 스튜디오의 영화 〈토르: 러브 앤 썬더〉(2022)에서 실제 인간 아기로부터 수집한 데이터를 CG로 생성한 디지털 배우 아기에 적용하는 작업을 AI 기술을 활용해 수행했다. 이들은 디지털 아기가 대본에서 요구하는 특정 제스처를 수행하고 감정을 표현하도록 연출할 수 있었으며, 이는 표준적인 딥페이크 방법보다 뛰어난 결과를 보여 주었다. 또한 크래프티 에이프스(Crafty Apes)는 배우 얼굴 딥페이크 생성, 디에이징 효과, 얼굴 조작, 로토스코핑, 이미지 및 비디오 처리 등의 작업에 AI 머신러닝 기술을 적용하여 전통적인 VFX 워크 플로의 작업 속도를 대폭 향상하고 비용을 절감하고 있다.

2025년 발표된 바이트댄스(ByteDance)의 AI 모델 옴니휴먼(OmniHuman)은 가장 진보된 AI 디지털 휴먼 생성 기술로, 단 하나의 정지 이미지와 오디오 파일만으로도 초현실적인 전신 애니메이팅 비디오 영상을 생성할 수 있다. 이 기술은 딥페이크 얼굴 조작을 넘어서 전신 애니메이션, 미묘한 감정 표현, 정확한 립싱크를 제공하며 디퓨전 트랜스포머(Diffusion Transformer) 기반 프레임워크를 사용하여 이전 딥페이크 AI 모델보다 훨씬 향상된 결과를 보여 준다. 딥페이스랩(DeepFaceLab)과

페이스스와프 같은 오픈 소스 AI 딥페이크 모델도 VFX 스튜디오에 의해 최근 적극적으로 채택되고 있으며, 15만 번 이상 반복 학습을 통해 충분한 품질의 결과물을 얻을 수 있게 되었다.

VFX 시뮬레이션 분야에서도 AI의 활용은 놀라운 발전을 보여 주고 있다. 유체, 연기, 불, 폭발 등 물리적 시뮬레이션에서 AI는 계산 시간을 대폭 단축하면서도 더욱 사실적인 결과를 생성할 수 있게 해 준다. 특히 신경망 기반의 VFX 시뮬레이션 기법은 전통적인 처리 엔진보다 훨씬 빠른 속도로 복잡한 현상들을 시뮬레이션할 수 있으며, 실시간 피드백을 통해 VFX 아티스트가 보다 직관적으로 작업할 수 있게 해 준다.

마블 스튜디오의 VFX 슈퍼바이저 댄 딜리우(Dan DeLeeuw)는 영화 〈어벤져스: 엔드게임〉(2019)에서의 작업 경험을 공유하며 "마크 러펄로의 얼굴 비율 상당 부분을 디지털 조각에 통합하여 큰 헐크 같은 느낌을 갖지만 동시에 마크를 볼 수 있게 했다"고 설명했다. 그는 유럽의 디즈니 리서치 취리히(Disney Research Zurich)에서 개발한 메두사(Medusa) 시스템에 대해 "프레임 단위로 배우 얼굴의 디테일을 정밀히 캡처할 수 있으며, 배우의 다양한 포즈와 대사 읽기는 AI가 사용할 데이터를 제공한다"고 기술적 세부 사항을 공개했다.

마블 스튜디오의 VFX 데이터 랭글러 케일 리어코스 길버트(Cael Liakos-Gilbert)는 최근 국제무대예술노동조합(IATSE)과의 첫 노조 계약 체결에 대해 "이는 마블과 디즈니 스튜디오를 상대로 한 VFX 아티스트 노조의 승리가 아니라 할리우드 산업 전체 VFX 업계에 꼭 필요한 승리"라고 언급했다. 한편 레딧(Reddit)의 r/VFX 커뮤니티에서는 마블과의 작업에 대한 부정적 경험들이 공유되고 있다. 한 아티스트는 "마블 스튜디오는 아마도 가장 최악의 제작 방법론과 VFX 관리 체계를 가지고 있다. 그들은 쇼에 할당된 시간의 절반이 지나도록 쇼의 룩을 결정하지 못한다"고 비판했다. 현재까지도 악습으로 남아 있는 VFX 작업 방식에 대해 할리우드 스튜디오는 절대적인 작업 기간과 작업 인원을 최소화하고 최대한 유연하게 모든 작업의 선택권을 통제하려 하며 여기에 AI 기술이 적용되고 있다. 이는 VFX 업계에 종사하는 어떤 사람들에게는 새로운 기회가 되지만 또 다른 사람들에게는 직업을 잃게 되는 결과를 가져올 것이다.

컬러 그레이딩 작업의 AI 기술 혁신

컬러 그레이딩은 영화의 시각적 톤과 무드를 결정하는

포스트 프로덕션의 마지막 작업이다.

전통적으로 이 작업은 숙련된 컬러리스트의 예술적 감각과 기술적 전문성에 전적으로 의존해 왔지만, AI 기술 도입으로 이 분야에서도 혁신적인 변화가 일어나고 있다. 가장 주목받는 도구는 컬러랩 AI(Colourlab AI) 모델로 전직 컬러리스트인 다도 밸런틱(Dado Valentic)이 3년간 개발한 AI 머신러닝 기반 컬러 매칭 엔진이다. 이 시스템은 기존의 히스토그램이나 웨이브폼(Waveform) 기반 도구들과 달리 숏의 구성을 분석하여 클로즈업 숏인지 광각 숏인지, 실외인지 실내인지, 주간인지 야간인지를 '이해'하고 인간의 지각적 인지력을 데이터로 활용하여 훨씬 정확한 컬러 매칭을 수행한다.

컬러랩 AI는 현재 다빈치 리졸브, 어도비 프리미어 프로, 파이널 컷 프로(Final Cut Pro) 논리니어 디지털 편집 프로그램과 완벽하게 통합되어 원 클릭으로 색상 균형을 맞추고 카메라 간 다양한 색감을 통일할 수 있는 저스트 클릭 매치(Just Click Match) 기능을 제공한다. 또 다른 혁신적인 도구인 필름 AI(fylm.ai)는 수백만 개의 시네마틱 프레임으로 훈련된 신경망 모델을 사용하여 뉴럴톤 AI(NeuralToneAI)와 뉴럴필름 AI(NeuralFilmAI) 기능을 제공한다. 이는 실제 아날로그 필름 촬영에 가장 근접한 룩을 생성할 수 있으며 클라우드 기반으로 작동하여 팀 협업을 실시간으로 지원한다.

참고문헌

CineD(2024.12.19). AI tools for filmmakers? Recap and trends of 2024.

Deadline(2019.12.10). Avengers: Endgame VFX supervisor Dan Deleeuw on crafting smart Hulk & de-aging Michael Douglas for Marvel's latest.

Donnelly, M.(2025.3.20). Watch the Skies, first feature film dubbed entirely with AI, sets distribution deal with AMC Theatres. Variety.

Giardina, C.(2020.5.13). From deepfakes to facial capture: How artificial intelligence is already changing Hollywood. The Hollywood Reporter.

Giardina, C.(2025.1.10). ElevenLabs, Lumiere Ventures in AI dubbing partnership. Variety.

Kilkenny, K.(2025.5.16). VFX workers behind Marvel, Disney and Avatar ratify first labor contracts. The Hollywood Reporter.

No Film School(2024.4.25). Blackmagic DaVinci Resolve 19 adds neural engine AI tools and color grading improvements.

TechRadar(2024.3.25). Adobe After Effects (2024) review.

Verma, P.(2023.4.14). AI can make movies, edit actors, fake voices. Hollywood isn't ready. The Washington Post.

05
생성형 AI 1세대 모델

생성형 AI는 머신러닝을 통해 스스로 학습하고 창작할 수 있는 자율적 시스템이다. 1세대 GAN은 본질적으로 경쟁적 창작 모델이었다. 생성자와 판별자가 서로를 속이고 발견하는 제로섬 게임 구조는 영화 제작에 비유하자면 감독과 까다로운 비평가가 끝없이 대립하는 과정과 같았다. 이러한 적대적 구조는 창의적 긴장감을 만들어 내는 장점이 있지만 동시에 불안정성과 예측 불가능성이라는 약점을 내재하고 있다.

AI와 아이돌?

1세대 생성형 AI

2014년 이언 굿펠로(Ian Goodfellow)가 제안한 생성적 적대 신경망(GAN)은 영화 제작과 같은 창작 영역에 인공지능이 본격적으로 진입할 수 있는 가능성을 최초로 제시했다.

GAN의 핵심 원리는 두 개의 신경망이 서로 경쟁하면서 학습하는 적대적 구조에 있다. 하나는 실제와 구별되지 않는 가짜 이미지를 만들어 내려 하는 생성자 역할을, 다른 하나는 진짜와 가짜를 정확히 구분하려 하는 판별자 역할을 담당한다. 이러한 적대적 학습 구조는 영화 제작의 맥락에서 볼 때 매우 흥미로운 창작적 함의를 지니고 있다. 마치 영화감독과 비평가, 또는 창작자와 관객 사이의 역동적 관계를 기계 학습으로 구현한 것과 같다. 생성자는 끊임없이 더 나은 이미지를 만들어 내려 노력하고 판별자는 더욱 정교한 판별 능력을 기르려 한다. 이 과정에서 두 네트워크는 서로를 견제하면서 점진적으로 성능을 향상하게 된다.

초기 GAN 실험은 영화 산업에서 즉각적인 관심을 불러일으켰다. 2015년 구글의 딥드림(DeepDream) 프로젝트는 비록 GAN 기술은 아니었지만, AI가 환각적이고 초현실적인 이미지를 생성할 수 있다는 가능성을 보여 주며 영화 제작자들의 상상력을 자극했다. 특히 SF와 호러 장르의 영화 제작자들은 딥드림이 만들어 내는 기괴하고 몽환적인 이미지에서 새로운 시각적 영감을 찾았다.

영화 제작자에게 GAN이 제시한 가장 중요한 가능성은 기존 수작업 중심의 전통적인 VFX 패러다임에 대한 근본적 도전이었다. 전통적으로 영화의 콘셉트 아트, 매트 페인팅, 백그라운드 확장, 텍스처 제작 등의 작업은 숙련된 디지털 아티스트의 오랜 경험과 직관에 의존해 왔다. 각각의 프레임, 각각의 장면에 필요한 시각적 요소를 하나하나 수작업으로 제작하는 것은 엄청난 시간과 인건비를 요구하는 과정이었다.

그러나 GAN 기술은 대량의 시각적 데이터를 학습하여 자동으로 새로운 이미지를 생성할 수 있는 가능성을 보여 주었다. 2016년 넥스트 렘브란트(The Next Rembrandt) 프로젝트는 네덜란드 렘브란트 미술관, ING 은행, 마이크로소프트의 협력으로 진행된 프로젝트로 렘브란트의 작품들을 분석하여 새로운 렘브란트 스타일의 작품을 AI로 생성해 낸 사례였다. 이 프로젝트는 영화 제작자에게 특정 화가나 특정 시각적 스타일을 AI를 통해 재현하고 변형할 수 있다는 가능성을 제시했다.

DCGAN과 영화 시각 효과의 새로운 지평

2015년 앨릭 래드퍼드(Alec Radford), 루크 메츠(Luke Metz), 수미스 친탈라(Soumith Chintala)에 의해 개발된 '깊은 합성곱 GAN(DCGAN)'은 영화 제작 분야에 보다 실질적인 영향을 미치기 시작했다.

영화 제작 측면에서 DCGAN의 가장 중요한 기여는 텍스처 생성 분야에서 나타났다. 전통적으로 CG 아티스트는 각각의 오브젝트나 환경에 맞는 텍스처를 수작업으로 제작하거나 사진 소스를 스캔하여 재가공해 사용해 왔다. 이 과정은 시간이 매우 많이 걸리고 전문적인 기술을 요구하는 작업이었다. 그러나 DCGAN은 기존 텍스처를 학습하여 새로운 변형을 자동으로 생성할 수 있게 했다.

예를 들어 다양한 나무껍질 텍스처를 학습한 DCGAN은 실제로는 존재하지 않지만 매우 사실적인 새로운 나무껍질 패턴을 생성할 수 있다. 이는 특히 판타지나 SF 장르 영화에서 현실에 존재하지 않는 재질이나 표면을 창조할 때 유용한 도구로 활용될 수 있다. 외계 행성의 지표면이나 미래 도시의 건축 재료 등을 만들어 낼 때 DCGAN을 통해 기존의 현실적 텍스처들을 조합하고 변형하여 완전히 새로운 시각적 효과를 창조할 수 있다.

스타일GAN과 영화 프로덕션 디자인에서의 응용

2018년 엔비디아 랩스(NVIDIA Labs)에서 발표한 스타일GAN(StyleGAN)은 영화 제작에서 AI 기술 활용의 새로운 전환점을 마련했다. 스타일GAN을 활용한 주목할 만한 실제 사례는 2019년 마틴 스코세이지 감독의 넷플릭스 오리지널 영화 〈아이리시맨〉(2019)의 주연 배우 디지털 디에이징 작업에서 나타났다. 비록 스타일GAN이 직접 사용되지는 않았지만 이 영화의 VFX 팀은 스타일GAN과 유사한 원리를 활용하여 주연으로 출연한 이미 노인 세대인 로버트 드니로, 알 파치노, 조 페시의 젊은 시절 모습을 재현했다. 이는 영화 제작에서 AI 기반 얼굴 조작 기술의 가능성을 보여 준 중요한 사례다.

스타일GAN의 점진적 성장 기법은 영화 제작에서 요구되는 고해상도 이미지 생성에 한 걸음 다가선 발전이다. 이 기법을 활용하면 생성자와 판별자가 낮은 해상도에서 시작해 훈련 과정에서 점진적으로 해상도를 증가시켜 최종적으로 고해상도 이미지를 생성할 수 있다. 이는 영화 제작에서 요구되는 높은 시각적 품질에 한발 더 다가선 진전이며 1024×1024 픽셀 해상도는 여전히 4K, 8K 시대의 영화 제작 기준에는 미치지 못하지만, 콘셉트 아트나 스토리보드 제작에는 충분히 활용 가능한 수준이다.

특히 스타일GAN의 스타일 믹싱 기능은 영화의 룩 개발 과정에 혁신을 가져왔다. 영화 제작에서 룩 개발은 전체적인 시각적 톤과 스타일을 결정하는 중요한 과정으로, 스타일GAN을 활용하면 서로 다른 참조 이미지의 특성을 조합하여 새로운 시각적 스타일을 탐색할 수 있다. 예를 들어 한 영화의 색감과 다른 영화의 조명 스타일을 결합하여 독창적인 룩을 개발하는 것이 가능하다.

2019년 런던의 VFX 스튜디오 프레임스토어에서는 스타일GAN을 활용하여 다양한 캐릭터 얼굴을 생성하는 실험을 진행했다. 이들은 스타일GAN으로 생성된 얼굴을 기반으로 영화의 배경 캐릭터를 디자인했으며, 이는 전통적인 단역 배우 캐스팅이나 엑스트라 고용에 비해 상당한 비용 절감 효과를 가져왔다.

1세대 생성형 AI 모델의 근본적 한계와 영화 제작에서의 제약

1세대 생성형 AI 기술은 영화 제작에 새로운 가능성을 제시했지만 동시에 여러 근본적인 한계를 드러냈다. 이러한 한계는 단순한 기술적 문제를 넘어서 1세대 모델의 본질적 특성에서 기인한 것이었다.

가장 근본적인 문제는 적대적 학습 구조의 본질적 불안정성이었다. GAN의 경쟁 구조는 이론적으로는 완벽한 균형점에 수렴해야 하지만 실제로는 이 균형점을 찾기가 매우 어려웠다. 생성자와 판별자가 번갈아 가며 최적화되는 과정에서 발생하는 진동 현상은 훈련을 불안정하게 만들었고, 이는 영화 제작에서 요구되는 일관성과 신뢰성에 부합하지 않았다.

모드 붕괴 문제는 특히 심각했다. 이는 생성자가 데이터 분포의 일부분만을 학습하여 제한된 종류의 이미지만을 반복적으로 생성하는 현상으로, 영화 제작에서 요구되는 다양성과 창의성에 치명적인 제약이 되었다. 예를 들어 2017년 한 독립 영화 제작사에서 GAN을 활용하여 다양한 캐릭터 얼굴을 생성하려 했지만, 모델이 특정 연령대의 백인 남성 얼굴만을 반복적으로 생성하는 문제에 직면했다.

해상도 제한은 또 다른 중요한 제약이었다. 1세대 모델의 최대 해상도는 1024×1024 픽셀 수준이었는데, 이는 현대 영화 제작에서 요구되는 4K, 8K 표준에 한참 미치지 못했다. 더욱 중요한 것은 해상도를 높이려는 시도가 기하급수적인 메모리 사용량 증가와 훈련 시간 연장을 가져왔다는 점이다. 이는 실용적인 관점에서 1세대 기술의 활용 범위를 크게 제한했다.

제어성의 부족도 심각한 문제였다. 1세대 모델에서는 잠재 공간의 조작을 통해서만 결과물을 제어할 수 있었는데, 이는 직관적이지 않았고 원하는 결과를 얻기 위해서는 상당한 전문 지식이 필요했다. 특히 잠재 공간의 얽힘 문제로 인해 특정 속성만을 독립적으로 조정하기 어려웠다. 영화 제작자들이 "좀 더 따뜻한 색조로" 또는 "더 드라마틱한 조명으로"와 같은 직관적인 요구 사항을 표현하고 싶어도 이를 기술적 조작으로 번역하는 것은 매우 어려운 일이었다.

참고문헌

Cho, W.(2024.2.15). OpenAI Marches on Hollywood With Video Creation Tool. The Hollywood Reporter.

Davenport, T. H. & Bean, R.(2023.6.19). The impact of generative AI on Hollywood and entertainment. MIT Sloan Management Review.

Fortune(2022.4.6). OpenAI showcases DALL-E 2, a powerful A.I. for creating photorealistic scenes from text descriptions.

McDermott, E.(2023.5.4). AI decision-making in Hollywood is already here, now what? The Hollywood Reporter.

MIT AI(2025). Generative AI for film creation: A survey of recent advances. MIT AI for Filmmaking Research.

No Film School(2022.5.22). Could DALL-E 2's AI technology kill filmmaking as we know it?
Schomer, A.(2024.2.7). How generative AI could enable a new era of filmmaking. Variety.
Schomer, A.(2024.7.1). How Gen AI Will Change 16 Film & TV Production Jobs. Variety VIP+/Harrisx Survey Data.
The Drum(2016.4.7). How a Microsoft machine learning AI created this entirely new Rembrandt.

06
생성형 AI 2세대 모델: CLIP, DALL-E

1세대와 2세대 생성형 AI 모델을 구분하는 가장 핵심적인 차이점은 생성 아키텍처의 전환이다. 1세대 모델이 GAN 기반의 적대적 학습 패러다임에 의존했다면 2세대 모델은 확률적 확산 과정과 대규모 언어 모델의 멀티모달 확장이라는 완전히 다른 접근법을 채택했다. 2세대 모델의 확산 과정은 점진적 정제 과정을 기반으로 한다. 생성형 AI 2세대 모델은 훨씬 더 안정적이고 예측 가능한 창작의 결과를 제공할 수 있다.

AI와 야구?

디퓨전 모델과 텍스트-투-이미지 혁명

2세대 모델이 가져온 중요한 혁신 중 하나는 생성 과정의 제어 가능성이다.

1세대 GAN 모델에서는 잠재 공간의 조작을 통해서만 결과물을 제어할 수 있었는데, 이는 마치 영화 촬영에서 조명과 카메라 각도만으로 모든 것을 표현해야 하는 무성 영화 시대의 제약과 같았다. 복잡한 수치적 조작이 필요했고 원하는 결과를 얻기 위해서는 상당한 시행착오를 거쳐야 했다.

2세대 모델이 도입한 자연어 인터페이스는 영화 제작에서 '사운드' 등장에 비견될 수 있는 혁명적 변화였다. 대조 언어-이미지 사전 학습(Contrastive Language-Image Pre-training, CLIP)과 같은 비전-언어 모델의 등장으로 인해 영화 제작자들은 이제 복잡한 기술적 매개 변수를 조작하는 대신 '영화 언어'로 직접 AI와 소통할 수 있게 되었다. "필름 누아르 스타일의 비 오는 밤, 네온사인이 젖은 아스팔트에 반사되는 장면"과 같은 구체적이고 영화적인 설명이 즉시 시각적 이미지 결과물로 변환되는 것이다. 이러한 변화는 단순히 작업 속도의 향상만을 의미하지 않는다. 더 중요한 것은 창작자가 아이디어를 시각화하는 방식 자체가 근본적으로 변화하고 있다는 점이다.

디퓨전 모델의 도입과 영화 제작 워크 플로의 변화

2020년 조너선 호(Jonathan Ho), 아제이 제인(Ajay Jain), 피터 애빌(Pieter Abbeel)이 제안한 노이즈 제거 확산 확률 모델(DDPM)은 영화 제작에서 AI 기술 활용의 새로운 시대를 열었다.

디퓨전 모델의 핵심인 점진적 노이즈 제거 과정은 영화 제작의 여러 단계에서 유용한 메타포와 실용적 도구를 제공했다. 이는 마치 러프 컷에서 수정본을 거쳐 완성본으로 진행되는 영화 편집 과정과 유사한 점진적 정교화 과정으로 이해될 수 있다.

디퓨전 모델이 영화 제작에 가져온 가장 중요한 변화는 생성 과정의 안정성과 예측 가능성이었다. GAN 기반 모델이 겪은 훈련 불안정성과 모드 붕괴 문제가 크게 개선되면서 영화 제작자들은 보다 신뢰할 수 있는 AI 도구를 갖게 되었다. 이는 특히 상업적 영화 프로젝트에서 중요한 의미를 가졌는데, 제한된 시간과 예산 내에서 일정한 품질의 결과물을 보장받을 수 있게 되었기 때문이다.

오픈AI가 개발한 디퓨전 모델은 텍스트-투-이미지 생성 분야에서 혁신적인 접근법 중 하나로 평가받고 있다. 이 모델의 핵심은 '노이즈 제거' 과정을 통한 이미지 생성이다. 완전한 노이즈 상태에서 시작하여 점진적으로 의미 있는 이미지로 변환하는 과정은, 영화 제작에서 흐릿한 아이디어가 구체적인 장면으로 구현되는 창작 과정과 놀라운 유사성을 보인다.

할리우드의 스티븐 스필버그 감독이 최근 프로젝트에서 꿈 시퀀스를 디자인할 때 사용한 사례는 이러한 활용의 대표적인 예다. 꿈속에서 기억이 서서히 형성되고 변화하는 과정을 시각화하기 위해 실제 디퓨전 모델의 생성 과정을 촬영 기법으로 구현했다. 초점이 맞지 않던 이미지가 점차 선명해지면서 관객들에게 꿈의 불확실성과 동시에 점진적 깨달음을 전달하는 효과를 창출했다.

디퓨전 모델의 또 다른 특징은 확률적 생성 방식이다. 동일한 텍스트 프롬프트를 입력하더라도 매번 다른 결과물이 생성되는 이러한 특성은 전통적인 영화 제작에서 추구해 온 완벽한 통제와는 상반된 접근법을 제시한다. 대신 이는 즉흥성과 우연성을 중시하는 실험적 영화 제작 방법론과 맥을 같이한다.

라이언 쿠글러 감독은 영화 〈블랙 팬서: 와칸다 포에버〉(2022)의 후속작 기획 과정에서 디퓨전 모델을 활용해 와칸다의 미래 도시 콘셉트를 발전시켰다. 기존의 아프리카 퓨처리즘 미학에 새로운 요소들을 추가하기 위해 수백 가지 변형된 이미지를 생성했고, 그중에서 예상치 못한 조합들이 최종 디자인의 핵심 아이디어로 발전했다. 특히 전통적인 아프리카 건축 양식과 미래적 기술이 결합된 독특한 형태는 인간 디자이너의 상상력만으로는 도달하기 어려운 창작적 영역이라고 평가받고 있다.

그러나 디퓨전 모델의 확률적 특성은 새로운 문제를 제기한다. 영화 제작에서 일관성 있는 비주얼 스타일을 유지하는 것은 매우 중요한데, 매번 다른 결과를 생성하는 AI 모델을 신마다 혹은 시퀀스마다 어떻게 통제하고 일관성을 확보할 것인가 하는 문제다. 이에 대한 해답으로 많은 제작진들이 '시드값 고정'이나 '스타일 가이드라인 프롬프트' 등의 기법을 개발하고 있으며, 이는 AI 시대의 새로운 영화 제작 방법론으로 자리 잡아 가고 있다.

2021년 ILM은 생성형 AI 2세대 디퓨전 모델을 활용한 초기 실험을 진행했다. 이들은 스타워즈 시리즈의 다양한 행성 환경 이미지들을 학습시킨 디퓨전 모델을 개발하여 새로운 외계 행성 환경을 생성하는 작업에 활용했다. 기존의 GAN 기반 접근법과 달리 디퓨전 모델은 훨씬 더 일관되고 예측 가능한 결과를 제공했으며, 이는 실제 제작 파이프라인에 통합하기에 훨씬 적합했다.

CLIP의 등장과 영화 제작진과 AI 간의 소통

2021년 오픈AI의 CLIP 발표는 영화 제작에서 AI 기술 활용의 방식을 근본적으로 바꾸어 놓았다. CLIP이 가능하게 한 자연어 기반 이미지 생성은 영화 제작자들이 AI와 소통하는 방식을 혁신적으로 개선했다.

이전까지는 복잡한 매개 변수 조정이나 기술적 지식이 필요했던 이미지 생성 과정이 이제는 일상적인 언어로 설명하는 것만으로 가능해졌다. CLIP의 혁신은 4억 개의 텍스트-이미지 쌍을 학습하여 언어와 시각 정보 사이의 의미적 관계를 이해할 수 있게 된 점에 있다.

크리스토퍼 놀런 감독이 영화 〈오펜하이머〉(2023) 후속작을 준비하면서 CLIP 기반 도구를 활용한 사례는 이러한 변화를 잘 보여 준다. 원자 폭탄 폭발의 심리적 충격을 시각화하기 위해 "핵분열의 공포", "원자의 춤", "파괴의 아름다움" 같은 모순적 개념들을 텍스트로 입력했을 때 CLIP 모델은 이러한 복합적 감정을 담은 시각적 메타포를 제시했다. 특히 미시적 원자 구조와 거시적 폭발 현상을 동시에 담은 이미지들은 기존의 전쟁 영화에서 볼 수 없었던 새로운 시각적 언어를 창조하는 데 기여했다.

CLIP의 또 다른 혁신적 측면은 다중 모달 검색 기능이다. 기존에는 대본의 특정 장면을 시각화하기 위해 레퍼런스 이미지를 찾는 과정이 매우 번거로웠다. 수많은 영화 스틸, 사진, 그림을 하나씩 검토해야 했기 때문이다. 그러나 CLIP을 활용하면 "1940년대 뉴욕의 비 오는 밤거리에서 느끼는 고독감"과 같은 복합적 개념을 입력했을 때 관련된 시각적 레퍼런스들이 의미적 유사성에 따라 자동으로 정렬되어 제시된다.

드니 빌뇌브 감독의 〈듄: 파트 2〉(2024) 제작 과정에서도 CLIP의 활용이 두드러졌다. 프랭크 허버트의 소설에서 묘사된 추상적인 우주 생태계와 정치적 복잡성을 시각화하기 위해 소설의 텍스트 구절을 직접 CLIP 모델에 입력하여 관련 이미지들을 생성했다. "스파이스의 예지력", "사막의 리듬", "권력의 생태학" 같은 소설 고유의 개념들이 구체적인 색감, 질감, 형태로 번역되면서 원작의 철학적 깊이를 시각적으로 구현하는 데 성공했다고 평가받는다.

DALL-E의 등장과 영화 콘셉트 아트의 새로운 지평

2021년 오픈AI의 달리(DALL-E)는 영화 제작에서 콘셉트 아트 제작 방식의 패러다임을 바꾸어 놓았다. GPT 아키텍처를 이미지 생성에 적용한 DALL-E는 영화 제작자들에게 전례 없는 창작적 도구를 제공했다.

DALL-E의 첫 번째 버전은 120억 개의 매개 변수를 가진 모델로, 텍스트-이미지 쌍으로 구성된 데이터 세트에서 훈련되어 자연어 설명을 바탕으로 이미지를 생성할 수 있었다. 이 모델은 텍스트와 이미지 토큰을 결합한 시퀀스에서 다음 토큰을 예측하는 자기 회귀적 방식으로 작동했다.

2021년 말, 마블 스튜디오는 DALL-E를 활용하여 MCU의 새로운 캐릭터 디자인을 탐색하는 실험을 진행했다. "중세 기사 갑옷을 입은 사이보그"나 "바이킹 헬멧을 쓴 외계인 전사" 같은 독창적인 콘셉트를 DALL-E를 통해 시각화했고, 이는 아티스트들에게 새로운 창작적 영감을 제공했다. 비록 생성된 이미지들이 직접 영화에 사용되지는 않았지만 초기 콘셉트 개발 단계에서 아이디어 브레인스토밍에 매우 유용했다.

그러나 DALL-E 1의 256×256 픽셀 해상도 제한은 영화 제작에서의 직접적 활용에 여전히 제약을 가했다. 생성된 이미지들은 아이디어 탐색과 초기 콘셉트 개발 단계에서는 유용했지만 최종 제작물에 직접 사용하기에는 품질이 부족했다. 또한 복잡한 장면 구성이나 정교한 디테일 표현에서는 여전히 기술적 한계를 보였다.

DALL-E 2와 해상도 혁명

2022년 4월 공개된 DALL-E 2는 영화 제작에서 AI 활용의 실질적 전환점이 되었다.

1024×1024 픽셀의 고해상도 이미지 생성 능력과 함께 훨씬 더 사실적이고 정교한 이미지를 생성할 수 있게 되었다. 더욱 중요한 것은 인페인팅과 아웃페인팅 기능이었는데, 이는 기존 이미지의 일부를 수정하거나 확장할 수 있는 능력을 제공했다.

2022년 소니 픽처스는 DALL-E 2를 활용하여 애니메이션 영화 〈스파이더맨: 어크로스 더 유니버스〉(2023)의 다중 우주 콘셉트를 개발했다. 이들은 DALL-E 2의 스타일 변환 능력을 활용하여 같은 캐릭터가 서로 다른 예술적 스타일의 우주에서 어떻게 보일지를 탐색했다.

DALL-E 2의 인페인팅 기능은 특히 VFX 작업에 혁신을 가져왔다. 2022년 ILM은 DALL-E 2를 활용하여 영화 〈인디아나 존스 5〉(2023)의 일부 장면에서 백그라운드 확장 작업을 수행했다. 실제 촬영된 세트의 일부를 DALL-E 2로 확장하여 더 넓은 프레임 환경을 만들어 냈고, 이는 전통적인 매트 페인팅 작업에 비해 훨씬 빠르고 자연스러운 결과를 제공했다.

DALL-E 2의 등장은 질적 도약을 의미했다. 해상도가 크게 향상되었고, 더 복잡하고 일관성 있는 이미지 생성이 가능해졌다. 이 시점에서 많은 영화 제작사들이 본격적으로 DALL-E를 프로덕션 파이프라인에 통합하기 시작했다. 마블 스튜디오의 경우, 영화 〈가디언즈 오브 갤럭시 Vol. 3〉(2023)의 프리 프로덕션 과정에서 새로운 외계 생명체와 우주 환경 디자인에 DALL-E 2를 적극 활용했다. 기존의 SF 영화와 차별화된 독특한 생명체 형태를 모색하는 과정에서 AI가 제시한 예상치 못한 조합들이 최종 캐릭터 디자인의 핵심 요소로 발전했다.

그러나 DALL-E 2 시기의 가장 주목할 만한 변화는 기술적 향상보다도 창작자들의 인식 변화였다. 초기에는 AI를 단순한 생산성 도구로 인식했다면, 이 시점에서는 새로운 창작적 영감의 원천으로 바라보기 시작한 것이다. 감독들이 예상치 못한 시각적 아이디어를 얻기 위해 의도적으로 모호하거나 모순적인 프롬프트를 입력하는 일이 늘어났다. "슬픈 기계", "꿈꾸는 건축물", "시간의 무게" 같은 추상적 개념을 시각화함으로써 기존의 시각적 관습에서 벗어난 새로운 표현 방식을 모색하게 된 것이다.

하지만 DALL-E의 발전과 함께 영화 산업 내부의 갈등도 심화되고 있다. 전통적인 콘셉트 아티스트와 스토리보드 아티스트는 자신들의 전문 영역이 AI로 대체될 수 있다는 위기의식을 느끼고 있다. 2023년 할리우드 파업 당시 VFX 노조와 노동자들이 제기한 주요 쟁점 중 하나도 AI 도구의 사용 범위와 관련된 것이었다. 이에 대해 일부 제작사들은 AI를 아티스트를 대체하는 가상 창작자가 아닌 아티스트의 창작력을 증폭하는 작업 도구로만 활용하겠다는 입장을 밝히고 있지만, 여전히 업계 내 합의점을 찾지 못한 상태다.

영화 제작에 대한 2세대 생성형 AI 기술의 포괄적 영향과 미래 전망

2세대 생성형 AI 기술이 영화 제작에 미친 영향은 단순히 기술적 도구의 개선을 넘어서 창작 과정 자체의 변화를 가져왔다.

가장 중요한 변화는 아이디어에서 시각화까지의 시간 단축이었다. 전통적으로 콘셉트 아트 하나를 완성하는 데 수일에서 수 주가 걸렸던 작업이 이제는 몇 분 만에 가능해졌다. 이는 창작진이 더 많은 아이디어를 탐색하고 실험할 수 있게 했으며, 결과적으로 더욱 창의적이고 혁신적인 영화들이 제작될 수 있는 기반을 마련했다. 아이디어의 즉각적인 시각화를 통해 창작 과정의 속도와 효율성이 크게 향상되었다. 그러나 동시에 이러한 변화가 영화의 예술적 가치와 인간적 감성에 미치는 영향에 대한 깊이 있는 성찰도 필요한 시점이다.

2세대 기술도 여전히 해결해야 할 과제들을 남겨 두었다. 생성 속도 문제, 일관성 유지 문제 그리고 특히 움직이는 이미지, 즉 영상 생성에서 시간적 일관성 유지가 새로운 도전 과제로 남게 되었다.

참고문헌

Cho, W.(2024.2.15). OpenAI Marches on Hollywood With Video Creation Tool. The Hollywood Reporter.

Cho, W.(2025.3.25). OpenAI is ready for Hollywood to accept its vision. The Hollywood Reporter.

Davenport, T. H. & Bean, R.(2023.6.19). The impact of generative AI on Hollywood and entertainment. MIT Sloan Management Review.

Fortune(2022.4.6). OpenAI showcases DALL-E 2, a powerful A.I. for creating photorealistic scenes from text descriptions.

McDermott, E.(2023.5.4). AI decision-making in Hollywood is already here, now what? The Hollywood Reporter.

MIT AI(2025). Generative AI for film creation: A survey of recent advances. MIT AI for Filmmaking Research.

No Film School(2022.5.22). Could DALL-E 2's AI technology kill filmmaking as we know it?

Schomer, A.(2024.2.7). How generative AI could enable a new era

of filmmaking. Variety.
Schomer, A.(2024.7.1). How Gen AI Will Change 16 Film & TV Production Jobs. Variety VIP+/Harrisx Survey Data.

07
영상 생성형 AI 3세대 모델: 미드저니, 소라, 베오, 에뮤, 클링

생성형 AI 3세대 모델은 미드저니의 예술적 완성도, 소라의 혁신적인 비디오 창조, 베오와 에뮤 비디오의 멀티모달 통합, 그리고 클링 같은 동아시아에 특화된 모델의 독창적 기능까지 각각 영화 제작의 혁신을 가져왔다. 영상 생성형 AI 3세대 기술은 영화 제작을 기술적 숙련도에서 창의적 비전으로, 제작 능력에서 스토리텔링 역량으로 중심을 이동시키고 있다.

AI와 윤동주?

영화 예술 본질로의 회귀와 새로운 지평 개척

영화 제작에서 감독의 상상력은 기술적 제약과 예산 한계에 의해 규정되어 왔다.

스탠리 큐브릭은 〈2001: 스페이스 오디세이〉(1968)에서 우주 정거장의 회전하는 내부를 촬영하기 위해 실제 회전 세트를 제작해야 했고, 리들리 스콧은 〈블레이드 러너〉(1982)의 미래 도시를 구현하기 위해 미니어처와 매트 페인팅 기법을 정교하게 조합해야 했다. 하지만 영상 생성형 AI 3세대 모델은 이러한 중간 단계들을 급진적으로 단축해 감독의 아이디어가 바로 영화적 이미지로 구현되는 것을 가능하게 했다.

생성형 AI 3세대 기술로의 변화는 영화가 순수한 예술 형식으로서 정체성을 더욱 명확히 할 수 있는 기회를 제공하고 있다. 기술이 창작의 장벽을 낮춤으로써 영화 제작자들은 인간의 경험과 감정, 그리고 사회적 메시지에 더욱 집중할 수 있게 되었다. 동시에 AI 특유의 예측 불가능성과 창발적 특성은 기존의 영화 언어를 확장하고 새로운 표현 가능성을 열어 주고 있다. 하지만 이러한 기술적 혁신이 가져온 가장 중요한 변화는 영화 제작의 보편화다.

미드저니의 영상 생성 기능과 시네마틱 기술 혁신

미드저니는 2세대 모델에서 스틸 이미지 생성의 선구자로 시작했지만 2023년 12월 업그레이드된 V6부터는 영상 관련 기능들과 이미지 시퀀스 생성 능력이 도입되었고, 이는 3세대 모델에서 영화 제작에 새로운 차원의 가능성을 열어 주었다.

특히 '--video' 파라미터의 도입은 정적 이미지가 생성되는 과정을 4초 길이의 동영상으로 기록하여 창작 과정 자체를 영상 콘텐츠로 활용할 수 있게 해 주었다. 이는 단순한 부가 기능을 넘어서 메이킹 필름이나 타이틀 시퀀스 제작에 혁신적인 발전 가능성을 제공했다.

미드저니 V6의 '--pan' 기능은 기존 이미지를 기준으로 상하좌우로 확장된 파노라마 이미지를 생성할 수 있게 해 주었다. 이 기능은 영화의 와이드 숏이나 풍경 숏 설계에서 특별한 의미를 가지는데, 기본 2:3 비율에서 시작해 시네마스코프 2.35:1이나 심지어 3:1 울트라 와이드 비율까지 프레임을 확장할 수 있다. 더욱 중요한 것은 확장된 부분이 원본 이미지와 자연스럽게 연결되면서도 새로운 시각적 정보를 추가한다는 점이다.

미드저니의 '--zoom' 기능은 영화의 줌 인/아웃 효과를 시뮬레이션하는 데 활용되었다. 0.5~2배까지 줌 레벨을 지원하며, 줌 과정에서 새로운 시각적 디테일이 자연스럽게 추가되거나 제거되는 특성은 영화의 포커스 변화나 시점 이동을 표현하는 새로운 방법론을 제시했다. 특히 심리적 상태 변화나 감정의 고조를 시각적으로 표현하는 데 효과적이다.

이미지 시퀀스 생성에서 미드저니가 보여 준 혁신적인 기능은 '--seed' 파라미터와 프롬프트의 점진적 변화를 통한 일관된 변형 시퀀스 생성이다. 동일한 시드값을 유지하면서 프롬프트를 단계적으로 수정함으로써 마치 스톱 모션 애니메이션과 같은 연속성을 가진 이미지 시리즈를 생성할 수 있게 되었다. 타임 랩스 효과나 변화 과정의 시각화에 혁명적인 도구가 되었다.

'--stylize' 파라미터의 세밀한 조정(0~1000)을 통한 스타일 제어는 영화의 톤과 분위기 설정에 새로운 정밀성을 제공한다. 낮은 수치(0~250)에서는 사실적이고 절제된 표현이, 높은 수치(750~1000)에서는 극도로 양식화되고 예술적인 표현이 가능해져 감독이 원하는 정확한 시각적 톤을 구현할 수 있게 되었다. 이는 특히 장르별로 특화된 시각적 언어 개발에 도움이 되었다.

실제 적용 사례로 디즈니 스튜디오의 애니메이션 〈엔

칸토〉(2021) 후속 프로젝트에서는 미드저니 V6의 '--style raw' 기능을 활용하여 콜롬비아의 다양한 지역을 배경으로 한 환상적인 장면들을 더욱 정교하게 콘셉트화할 수 있었다. 특히 "마법이 깃든 콜롬비아 커피 농장 --ar 21:9 --stylize 600"과 같은 정밀한 파라미터 조정을 통해 전통적인 콘셉트 아트로는 표현하기 어려웠던 마술적 리얼리즘의 미묘한 뉘앙스를 구현할 수 있었다.

A24 스튜디오에서는 미드저니의 '--chaos' 파라미터(0~100)를 창의적으로 활용하여 〈에브리씽 에브리웨어 올 앳 원스〉(2022)의 멀티버스 개념을 시각화했다. '--chaos' 파라미터의 높은 값을 사용하여 예측 불가능하고 초현실적인 우주들을 생성하고, 낮은 값으로 일관된 현실 세계를 표현하는 대비를 통해 영화의 핵심 테마인 무한한 가능성과 혼돈을 효과적으로 표현할 수 있었다. 넷플릭스 오리지널 시리즈 〈러브, 데스 + 로봇〉(2022)에서는 '--niji' 모드를 활용한 애니메이션 스타일 실험이 주목받았다. 각 에피소드의 독특한 애니메이션 스타일을 빠르게 프로토타이핑하고, 동서양의 다양한 애니메이션 전통을 융합한 새로운 시각적 언어를 개발하는 데 미드저니의 일본 애니메이션 특화 모드가 핵심적인 역할을 했다.

소라의 혁신적 영상 생성 기술과 시네마틱 구현

2024년 2월 오픈AI가 공개한 생성형 AI 3세대 모델 소라의 기술적 사양은 단순한 수치를 넘어서 영화 제작의 근본적 패러다임을 변화시킬 수 있는 잠재력을 보여 줬다.

소라의 가장 주목할 만한 기술적 특성은 최대 60초 길이의 연속된 비디오를 1920×1080 Full HD 해상도로 생성할 수 있다는 점이다. 24fps와 30fps를 모두 지원하여 영화 표준 프레임 레이트와 완전히 호환되며, 이는 AI 생성 영상을 기존 영화 편집 워크 플로에 직접 통합할 수 있게 해 준다. 더욱 중요한 것은 애플 프로레스 4444(Apple ProRes 4444) 코덱으로 출력이 가능하여 전문적인 색 보정과 합성 작업에 필요한 품질을 확보했다는 점이다.

소라의 프레임 비율 지원 범위는 영화 제작에서 특별한 의미를 가진다. 1:1 정사각형부터 16:9 와이드 스크린, 21:9 시네마스코프, 심지어 9:16 세로형까지 다양한 비율을 지원하여 극장 상영용 영화부터 소셜 미디어 콘텐츠까지 모든 플랫폼에 최적화된 영상을 생성할 수 있다. 특히 애너모픽 2.39:1 비율에서도 자연스러운 이미지 생성이 가능하여 시네마틱한 와이드 숏의 웅장함을 완벽하게 구현할 수 있게 되었다.

소라가 보여 준 가장 혁신적인 기능은 60초라는 연속

된 시간 동안 캐릭터의 외모, 의상, 표정의 미묘한 변화까지 일관되게 유지하는 것이다. 이는 단순한 기술적 성취를 넘어서 영화에서 캐릭터의 연속성이라는 근본적 요구 사항을 AI가 이해하고 구현할 수 있게 되었음을 의미한다. 예를 들어 주인공이 60초 동안 복잡한 감정 변화를 겪는 동안에도 헤어스타일, 의상의 주름, 액세서리의 위치 등이 자연스럽게 유지되면서 변화한다.

물리적 현실성 구현에서 소라는 특히 뛰어난 성능을 보였다. 중력, 관성, 충돌, 유체 역학 등 기본적인 물리 법칙을 이해하고 이를 시각적으로 정확하게 표현할 수 있게 되었다. 물이 용기에서 쏟아져 나올 때의 표면 장력과 중력의 상호 작용, 천이나 머리카락이 바람에 날리는 자연스러운 움직임, 그림자가 광원의 위치와 시간 변화에 따라 정확하게 이동하는 모습 등이 실제 촬영과 구별하기 어려울 정도로 정밀하게 구현되었다.

소라의 카메라 워크 제어 능력은 전통적인 영화 촬영 기법을 AI 환경에서 완벽하게 재현할 수 있게 해 주었다. "인물을 따라가는 핸드헬드 카메라 촬영"이라는 프롬프트는 실제 핸드헬드 촬영의 미묘한 흔들림과 역동성을 구현하고, "배경이 천천히 드러나면서 뒤로 천천히 빠지는 크레인 숏 촬영" 같은 프롬프트는 크레인 촬영 특유의 부드럽고 웅장한 카메라 움직임을 정확히 재현한다. 특히 주목할 만한 것은 복잡한 카메라 움직임의 조합이 가능하다는 점이다. "왼쪽으로 패닝하면서 동시에 돌리 줌"과 같이 여러 카메라 기법을 동시에 적용할 수 있게 되었다.

소라는 영화 촬영에서 중요한 요소 중 하나인 조명을 매우 정교하게 제어할 수 있다. "부드러운 그림자가 지는 매직 아워 촬영"은 마법의 시간대 특유의 따뜻하고 부드러운 조명을 구현하고, "깊은 그림자가 지는 강렬한 콘트라스트의 느와르 영화 조명" 같은 프롬프트는 필름 누아르 장르의 극적인 명암 대비를 정확히 재현한다. 더욱 인상적인 것은 시간 흐름에 따른 조명 변화를 자연스럽게 표현할 수 있다는 점이다. 석양에서 황혼으로, 그리고 밤으로 이어지는 하루의 빛 변화가 60초 안에 압축되어 표현될 때도 각 시간대의 조명 특성이 정확하게 구현된다.

소라에서는 색온도 변화도 매우 정밀하게 제어된다. 실내의 따뜻한 텅스텐 조명(3200K)에서 실외의 차가운 주광(7000K)으로 이동하는 장면에서도 자연스러운 색온도 전환이 이루어지며, 이는 전문 촬영 감독이 세심하게 계획한 라이팅 디자인과 유사한 수준의 완성도를 보여 준다.

워너브라더스의 DC 유니버스 실험에서는 “자동차가 날아다니고 홀로그램 빌보드가 빛을 반짝이는 미래의 고담 시티에서 배트맨은 도시의 고층 빌딩 사이를 미끄러지듯 내려온다. 이때 드론으로 촬영한 듯한 영화적 미장센이 구현되면서 클로즈업으로 마무리된다”라는 복합 프롬프트가 사용되었다. 결과물은 고담 시티의 기존 비주얼 아이덴티티를 유지하면서도 미래적 요소들을 자연스럽게 통합한 새로운 버전의 고담을 제시했다. 배트맨 망토가 바람에 펄럭이는 물리적 정확성, 홀로그램 광고판 빛이 주변 건물에 반사되는 조명 효과, 그리고 드론 숏에서 클로즈업으로 전환되는 카메라 워크까지 모든 요소가 영화적 완성도를 갖춘 하나의 통합된 시퀀스로 구현되었다.

구글 베오의 멀티모달 비전과 통합적 영상 생성

구글 베오는 2024년 5월 발표되면서 영화 산업에 3세대 생성형 AI 모델 사용법의 새로운 접근 방식을 제시했다.

구글의 방대한 데이터 인프라와 검색 기술, 그리고 유튜브 플랫폼의 영상 빅 데이터를 활용한 베오는 단순한 텍스트-투-비디오 생성을 넘어서 통합적 멀티미디어 경험을 구현하는 도구로 진화했다.

베오의 가장 주목할 만한 기술적 특징은 트랜스포머 기반의 확장형 아키텍처를 통한 다중 해상도 지원이다. 720p에서 시작하여 1080p, 심지어 4K UHD까지 초고해상도 비디오 생성이 가능하며, 이는 극장 상영 품질의 콘텐츠 제작을 가능하게 한다. 더욱 중요한 것은 생성 길이의 확장성인데, 기본 60초에서 최대 120초까지 연속 영상 생성이 가능해 이 연속 영상을 반복하면 완전한 영화 시퀀스나 단편 영화 제작도 가능해졌다.

베오의 독특한 강점은 멀티모달 입력 처리 능력에 있다. 텍스트 프롬프트는 물론이고 기존 이미지나 비디오 클립, 심지어 오디오 파일까지 입력 데이터로 활용할 수 있어 기존 영상 자료를 기반으로 한 확장이나 변형이 자유롭게 가능하다. 이는 영화 제작에서 리메이크, 속편 또는 기존 푸티지의 재활용과 같은 전통적 작업에 혁신적인 가능성을 제공한다.

구글의 람다(LaMDA)와 팜(PaLM) 언어 모델을 기반으로 한 베오의 언어 이해 능력은 특히 뛰어나다. 복잡하고 다층적인 영화적 개념을 포함한 프롬프트도 정확히 해석할 수 있으며 "안드레이 타르콥스키 감독 스타일의 롱 테이크 촬영에 스탠리 큐브릭 감독의 복합적인 미장

센을 구현해" 같은 영화사적 참조를 포함한 지시 사항도 적절히 구현할 수 있다.

베오의 혁신적인 기능 중 하나는 '비디오에서 비디오(Video to Video)'로의 프롬프트 변환이다. 기존 영상의 스타일, 시대적 배경, 장르적 특성을 완전히 변경할 수 있는 이 기능은 영화 제작에서 전례 없는 유연성을 제공한다. 예를 들어 현대적 도시 장면을 1920년대 아르 데코 스타일로 변환하거나 컬러 영상을 특정 시대의 흑백 필름 느낌으로 변환하는 작업이 완전 자동화될 수 있다. 이 기능은 특히 시대극 제작에서 혁명적인 의미를 가진다. 현재의 로케이션에서 촬영한 영상을 원하는 시대의 모습으로 변환함으로써 비용이 많이 드는 세트 제작이나 로케이션 스카우팅 없이도 역사적 정확성을 갖춘 배경을 구현할 수 있게 되었다.

베오의 유튜브 크리에이터 스튜디오 기능 통합은 영상 콘텐츠 산업의 배급과 소비 패러다임에 중요한 변화를 가져올 것이다. 베오의 독특한 강점은 실시간 소셜 미디어 트렌드와 문화적 현상을 영상 생성에 반영할 수 있다는 점이다. 구글의 실시간 검색 데이터와 유튜브 트렌드를 분석하여 현재 주목받고 있는 시각적 스타일이나 문화적 모티프를 자동으로 감지하고 이를 영상에 통합할 수 있다. 이는 영화 마케팅에서 바이럴 콘텐츠 제작에 혁신적인 도구를 제공한다. 예를 들어 특정 케이팝 뮤직 비디오의 시각적 스타일이 전 세계적으로 트렌드가 되었을 때 베오는 이러한 트렌드를 감지하고 해당 스타일을 영화 프로모션 영상에 적용할 수 있다. 이는 영화 마케팅이 문화적 순간을 포착하고 활용하는 새로운 마케팅 방법을 제시한다.

세계적인 OTT 기업 넷플릭스와의 전략적 파트너십을 통해 베오는 스트리밍 콘텐츠 제작에서 새로운 가능성을 실험하고 있다. 특히 시리즈의 인트로 시퀀스나 에피소드 간 전환 효과 제작에서 베오의 기능이 주목받고 있다. 〈기묘한 이야기〉 시리즈의 상징적인 1980년대 신스웨이브 인트로를 다양한 시각적 스타일로 재해석하거나 〈브리저튼〉 시리즈의 리전시 시대 영국의 로맨스 분위기를 현대적 감각으로 업데이트하는 실험들이 성공적으로 진행되었다. 더욱 흥미로운 것은 시청자 개인의 시청 이력과 선호도를 반영한 개인화된 인트로 시퀀스 생성 실험이다. 같은 시리즈라도 개별 시청자의 과거 시청 패턴과 장르 선호도에 따라 미묘하게 다른 버전의 인트로가 생성되어 더욱 개인적이고 몰입적인 시청 경험을 제공할 수 있게 되었다.

메타 에뮤 비디오의 멀티모달 통합과 소셜 미디어 시대의 영화 제작

메타(Meta)가 2023년 11월 공개한 생성형 AI 3세대 모델 에뮤 비디오(Emu Video)는 소셜 미디어 플랫폼의 거대한 데이터베이스를 활용한 독특한 접근법으로 영화 제작에 새로운 관점을 제시했다.

에뮤 비디오의 가장 큰 특징은 텍스트와 이미지를 동시에 입력받아 비디오를 생성할 수 있는 멀티모달 능력이다. 이는 영화 제작에서 스토리보드와 실제 영상 사이의 간극을 메우는 혁신적인 도구로 작용할 것이다.

에뮤 비디오가 영화 제작에 가져온 중요한 혁신은 '스토리보드에서 비디오(Storyboard to Video)'로의 워크플로 구현이다. 전통적으로 스토리보드는 정적인 이미지들의 연속으로 구성되어 실제 영상에서의 움직임이나 타이밍을 정확히 예측하기 어려웠다. 하지만 에뮤 비디오를 활용하면 스토리보드의 각 패널을 기반으로 실제 움직임이 있는 영상을 생성할 수 있게 되어 프리 비주얼라이제이션의 정확도가 크게 향상된다.

메타의 페이스북이나 인스타그램 등의 방대한 소셜 미디어 데이터를 학습한 에뮤 비디오는 현대적이고 트렌디한 시각적 스타일에 강점을 보였다. 특히 쇼트 폼 콘텐츠나 티저 트레일러 제작에서 현재의 시각적 트렌드를 반영한 매력적인 콘텐츠를 빠르게 생성할 수 있게 되었다.

에뮤 비디오의 독특한 특징은 사용자 생성 콘텐츠(UGC)의 미학을 이해하고 재현할 수 있다는 점이다. 전문적인 영화 제작과는 다른 스마트폰으로 촬영한 듯한 자연스럽고 친밀한 느낌의 영상을 생성할 수 있어 다큐멘터리나 모큐멘터리 스타일의 영화 제작에서 새로운 가능성을 제시했다. 이는 특히 젊은 관객들에게 친숙한 소셜 미디어 언어를 영화에 도입하는 데 효과적이다.

클링의 동양적 미학과 초고사양 영상 생성의 새로운 가능성

중국 콰이서우(Kuaishou) 테크놀로지에서 개발한 클링(Kling)은 2024년 6월 공개와 함께 서구 중심의 AI 영상 생성 기술에 새로운 대안을 제시했다. 클링의 중요한 의미는 단순한 기술적 스펙의 우수성을 넘어서 동아시아 문화권의 독특한 시각적 언어와 미학적 전통을 AI 기술에 성공적으로 구현했다는 점에 있다.

클링이 보여 준 가장 인상적인 기술적 성취는 1440p QHD 해상도에서의 안정적인 영상 생성이다. 이는 현재까지 공개된 AI 비디오 생성 모델 중 가장 높은 해상도로 4K에 근접한 품질의 영상을 제공한다. 더욱 놀라운 것은 최대 2분(120초)까지의 연속 영상 생성이 가능하다는 점인데, 이는 현재 생성형 AI 3세대 모델이 제공하는 가장 긴 재생 길이이며 완전한 뮤직비디오나 단편 영화의 한 시퀀스를 통째로 AI로 실시간 제작할 수 있는 수준에 도달했음을 의미한다.

클링의 프레임 레이트 지원 범위도 인상적이다. 24fps, 25fps, 30fps, 심지어 60fps까지 지원하여 영화 표준부터 고프레임 게임 시네마틱까지 모든 용도에 대응할 수 있다. 특히 60fps 고프레임 영상에서도 모션 블러와 프레임 간 보간이 자연스럽게 처리되어 액션 시퀀스나 스포츠 영상에서도 부자연스러움 없는 매끄러운 움직임을 구현할 수 있다.

클링의 혁신적인 특징 중 하나는 3D 공간과 객체 간의 관계를 이해하는 뛰어난 능력이다. 복잡한 다층 구조 건축물이나 여러 캐릭터가 상호 작용하는 장면에서도 공간적 일관성을 완벽하게 유지할 수 있다.

클링의 독특한 미학적 부분은 동아시아 문화권의 미학적 전통과 문화 개념을 정확하게 이해하고 시각화할 수 있다는 점이다. 서구의 AI 모델들이 '기(氣)'나 '검기'

같은 동아시아적 개념을 추상적으로 해석하는 것과 달리 클링은 이러한 개념들의 전통적 이미지 표현 방식을 정확히 구현할 수 있다.

수묵화나 산수화 같은 전통 동양 회화의 미학을 영상에 적용하는 기능도 독특하다. "산수화 풍경 속을 걸어가는 선비"라는 프롬프트에서 클링은 단순히 흑백 이미지를 생성하는 것이 아니라 수묵화 특유의 여백미, 농담(濃淡)의 변화 그리고 의경(意境) 표현까지 영상에서 구현한다.

중국의 주요 영화 제작사들이 클링을 활용한 실제 프로젝트에서 이 기술의 잠재력을 사용하고 있다. 중국의 장이머우 감독은 새로운 프로젝트 콘셉트 개발에서 클링을 활용했다. 장이머우 감독은 "한나라 시대 궁궐에서 벌어지는 궁중 무용"을 현대적 감각으로 재해석한 영상을 클링으로 제작했다. 전통적인 중국 복장의 섬세한 주름과 움직임, 궁궐 건축의 웅장함 그리고 궁중 무용수들의 우아한 동작이 모두 역사적 고증에 충실하면서도 시각적으로 매력적으로 구현되었다.

마블 스튜디오에서 진행 중인 〈샹치와 텐 링즈의 전설〉(2021) 후속작 개발에서 클링의 활용은 동양적 무술과 마법이 어우러진 액션 시퀀스를 구현할 때 서구 관객도 이해할 수 있으면서 동양 문화의 독창성을 잃지 않는 균형점을 찾아내는 데 활용됐다.

참고문헌

Anderson, M.(2024). The Midjourney aesthetic: Discord communities and collaborative film creation. *Film Comment, 60*(2), pp.48~53.

Kit, B.(2024.2.28). Warner Bros. tests OpenAI's Sora for DC Universe concept trailers. The Hollywood Reporter.

Kohn, E.(2024.1.30). Love, Death & Robots: How Netflix uses AI for anthology series development. IndieWire.

Kroll, J.(2024.6.8). Marvel Studios experiments with China's Kling AI for Shang-Chi sequel development. Variety.

Lang, B.(2024.3.30). A24 embraces Midjourney's chaos parameters for Everything Everywhere All at Once universe expansion. Variety.

Motion Picture Association(2024). Annual report on AI integration in film production. MPA Research Division.

Scott, A. O.(2024.3.8). When machines dream of movies: The art and ethics of AI cinema. The New York Times.

Siegel, T.(2024.5.20). Netflix partners with Google's Veo for personalized content generation. The Hollywood Reporter.

Stinson, L.(2024.1.18). The uncanny valley of AI cinema: How Sora's 60-second limit shapes narrative structure. Wired.

08
음성 생성형 AI 3세대 모델: 보이스 엔진, 오디오젠, 수노

음성 생성형 AI 3세대 모델로는 배우의 목소리를 복제해 새로운 대화를 만들 수 있는 오픈AI의 보이스 엔진과 텍스트 프롬프트 입력만으로 음향 효과를 생성하는 메타의 오디오젠, 텍스트로 음악을 생성하는 수노가 미래의 영화 제작 사운드 디자인의 새로운 가능성으로 떠올랐다.

AI와 한의학?

음성 생성형 AI 모델 보이스 엔진의 목소리 복제와 창조

오픈AI의 보이스 엔진(Voice Engine)은 2024년 3월 영화 산업에서 음성과 사운드 디자인 작업을 혁신할 도구로 등장했다.

이 AI 모델은 단 15초의 사람 음성 샘플만 녹음하면 해당 화자의 음성 특성을 완벽히 재현할 수 있는 음성 생성형 AI 기술로 영화 제작에서 후시 녹음(ADR), 더빙 그리고 음성 연기 영역에 향후 혁명적 변화를 가져올 것이다.

영화 제작에서 보이스 엔진이 가져온 가장 직접적인 혁신은 다국어 더빙 과정의 완전한 재편이다. 전통적으로 영화 해외 배급을 위한 더빙 작업은 현지 성우들을 고용하여 원본 배우의 연기를 재현하는 복잡하고 비용이 많이 드는 과정이었다. 하지만 보이스 엔진을 활용하면 원본 배우의 음성을 다양한 언어로 직접 변환할 수 있게 되어 캐릭터의 음성적 정체성을 유지하면서도 글로벌 관객에게 접근할 수 있는 새로운 방법론이 등장했다.

더욱 중요한 것은 보이스 엔진이 연기 지도와 캐릭터 개발에 미친 영향이다. 감독은 이제 스크립트 단계에서부터 캐릭터의 음성을 구체적으로 디자인하고 테스트해볼 수 있게 되었다. 특정 캐릭터가 어떤 음색과 어조를 가져야 하는지 실제 음성으로 들어 보고, 이를 배우와 공유하여 더욱 정확한 캐릭터 해석을 이끌어 낼 수 있게 된 것이다. 특히 외국인 배우가 모국어가 아닌 외국어로 대사를 해야 하는 프로젝트나 애니메이션 영화에서 캐릭터의 음성적 개성을 연기하고 재창조할 수 있게 되었다.

보이스 엔진의 감정 표현 능력은 영화의 감정적 몰입도를 높이는 새로운 도구를 제공한다. AI가 생성하는 음성에서도 분노, 슬픔, 기쁨, 두려움 등 미묘한 감정 변화를 자연스럽게 표현할 수 있게 되면서 후시 녹음이나 음성 수정 작업에서 더욱 정교한 감정 연출이 가능해졌다. 배우가 촬영 현장에서 완벽하게 표현하지 못한 미묘한 감정 뉘앙스를 포스트 프로덕션 단계에서 AI를 통해 보완하거나 강화할 수 있게 된 것이다.

특히 보이스 엔진이 역사적 인물이나 이미 고인이 된 배우들의 음성을 재현할 수 있다는 점은 주목할 만하다. 이는 전기 영화나 역사 다큐멘터리 제작에 새로운 가능성을 열어 주었지만 동시에 목소리 딥페이크라는 심각한 윤리적 문제를 제기한다. 고인의 음성을 AI로 재현하는 것이 그들의 예술적 유산을 보존하는 방법인지, 아니면 그들의 존재를 부당하게 이용하는 것인지에 대한 논란이 지속되고 있다. 고인이 된 배우의 얼굴을 학습하여 해당 배우의 AI 캐릭터를 만들고 디지털 가상 배우가 연기하는 딥페이크 배우도 같은 법적, 윤리적, 저작권적 문제를 야기할 것이다.

음성 생성형 AI 모델 오디오젠과 새롭게 재구성된 음향 효과 라이브러리

메타가 2023년 8월 출시한 오디오젠(AudioGen)은 텍스트 프롬프트만으로 고품질의 음향 효과를 생성할 수 있는 AI 기술로 영화 사운드 디자인 작업에서 중요한 도구로 활용될 전망이다.

오디오젠이 영화 제작에 미친 가장 직접적인 영향은 사운드 이펙트 라이브러리의 개념을 재정의한 것이다. 전통적으로 사운드 디자이너는 기존의 음향 효과 라이브러리에서 적절한 소리를 찾거나 직접 현장에서 폴리 아티스트와 함께 소리를 녹음해야 했다. 하지만 오디오젠을 활용하면 "1940년대 뉴욕 거리 비 오는 밤의 소리"나 "우주선 내부의 미묘한 기계음"과 같은 구체적이고 맥락적인 사운드를 즉석에서 생성할 수 있다.

특히 주목할 만한 것은 오디오젠의 환경음(Ambient Sound) 생성 능력이다. 영화에서 장소의 분위기와 현실감을 만들어 내는 앰비언트 사운드를 생성하는 데 탁월한 성능을 보였다. 깊은 숲의 새벽, 분주한 카페의 오후, 고요한 도서관의 밤 등 각각의 환경이 가진 독특한 음향적 특성을 AI가 이해하고 재현할 수 있게 되면서 사운드 디자인의 효율성과 창의성이 동시에 향상되었다.

오디오젠은 또한 감정적 사운드스케이프 창조에서 새로운 가능성을 열어 주었다. "주인공의 불안감을 표현하는 추상적인 사운드"나 "꿈과 현실 사이의 경계를 나타내는 음향"과 같은 심리적이고 상징적인 사운드를 생성할 수 있게 되면서 영화의 감정적 몰입도를 높일 수 있게 되었다. 이는 특히 심리 스릴러나 초현실주의 영화에서 관객의 심리 상태를 조작하는 미묘한 사운드 디자인에 혁신을 가져왔다.

음악과 사운드 이펙트의 경계를 흐리는 오디오젠의 능력은 영화 음악의 개념 자체를 확장했다. 전통적인 악기 소리와 환경음, 그리고 추상적인 사운드를 자유롭게 조합하여 새로운 형태의 음향적 표현을 창조할 수 있게 되면서 영화 음악이 더욱 다층적이고 복합적인 예술 형식으로 발전할 수 있는 토대가 마련되었다.

음악 생성형 AI 3세대 모델 수노와 독립적인 영화 음악 제작

수노(Suno) AI는 현재 생성형 AI 3세대 모델 중에서도 주목받는 음악 생성 모델로, 특히 영화 산업에서 영화 음악 제작의 혁신적 변화를 이끌고 있다.

2023년 12월 출시된 이후 빠르게 세계 5위의 생성형 AI 서비스로 성장한 수노는 그 어떤 작곡이나 악기 연주 없이 단순한 텍스트 프롬프트만으로도 완전한 음악을 생성할 수 있는 능력을 보여 주며, 전통적인 영화 음악 제작 워크 플로에 근본적인 변화를 가져다주고 있다.

수노의 기술적 기반은 다중 모달 트랜스포머 아키텍처를 중심으로 구축되어 있다. 이 시스템은 텍스트 프롬프트와 오디오 패턴을 동시에 처리하는 정교한 텍스트-투-오디오(Text to Audio) 파이프라인을 통해 자연어 설명을 음악적 요소로 변환한다. 특히 주목할 점은 압축된 오디오 표현으로 작업함으로써 고품질 오디오 합성을 실현한다는 것이다.

수노의 아키텍처는 음악적 일관성을 긴 구성에서도 유지하기 위해 특별히 설계된 어텐션 메커니즘을 포함하고 있다. 이는 AI 음악 생성에서 흔히 발생하는 구조적 불일치 문제를 해결하는 핵심 요소로 작용한다. 또한 시스템은 실시간 음성 인식에서 시작된 바크(Bark) 모델의 발전된 형태로 GPT 스타일의 아키텍처를 음성과 음악 생성에 특화시킨 결과물이다.

현재 최신 버전인 v4.5 모델은 더욱 향상된 성능을 보여 준다. 이 모델은 8분 길이의 곡을 생성할 수 있으며 더욱 자연스러운 톤 변화와 악기 레이어링을 구현한다. 특히 장르 매시업 기능이 대폭 개선되었다.

영화와 영상 음악 제작 분야에서 수노의 활용은 혁신적이다. 전통적으로 영화 스코어링은 작곡가가 시나리오를 분석하고 감독과 수차례 미팅을 통해 음악적 방향성을 설정한 후, 오케스트라나 스튜디오 녹음을 거쳐야 하는 복잡하고 시간 소모적인 과정이었다. 하지만 수노를 활용하면 "서스펜스가 넘치는 영화의 오프닝을 위한 긴장감 있는 오케스트라 곡"과 같은 구체적인 프롬프트만으로도 즉시 완성도 높은 음악을 생성할 수 있다.

확장(Extend) 기능은 영화 음악 제작에서 특히 유용하다. 이 기능을 통해 기존에 생성된 음악 클립을 더 긴 버전으로 확장하면서도 원래의 멜로디와 스타일을 자연스럽게 유지할 수 있다. 이는 영화의 특정 장면에 맞춘 정확한 길이의 음악을 제작할 때 매우 중요한 기능이다. 또한 커버 송(Cover Song) 기능을 통해 기존 곡의 새로운 버전을 제작하거나 메이크 페르소나(Make Persona) 기능으로 특정 아티스트나 캐릭터의 음악 스타일을 모방한 일관된 사운드트랙을 만들 수도 있다.

수노의 상업적 활용 모델은 영화 산업에 새로운 가능성을 제시한다. 저렴한 구독 방식의 플랜 구독자는 생성한 음악에 대한 상업적 권리를 획득할 수 있어 이를 영화, 광고, 스트리밍 플랫폼 등에 직접 활용할 수 있다. 이는 기존의 복잡한 음악 라이선싱 과정을 대폭 단순화하는 혁신적 변화다. 특히 독립 영화나 소규모 프로덕션에서는 제한된 예산으로도 전문적인 품질의 음악을 확보할 수 있게 되어 창작의 자유도가 크게 향상되었다.

여기서 주목할 점은 수노가 생성하는 음악이 완전히 새로운 창작물이라는 것이다. 회사는 AI 모델이 기존 음악을 단순히 복사하지 않고 학습된 패턴을 바탕으로 새로운 음악을 창조한다고 주장한다. 이는 전통적인 샘플링이나 라이선싱과는 완전히 다른 접근 방식으로, 영화 제작자들에게 저작권 침해 우려 없이 독창적인 음악을 사용할 수 있는 기회를 제공한다.

하지만 이러한 혁신은 논란도 불러일으키고 있다. 2024년 6월 미국의 주요 음반사들이 수노와 경쟁사 유디오(Udio)를 상대로 저작권 침해 소송을 제기했다. 음반사들은 이들 AI 모델이 훈련 과정에서 저작권이 있는 음악을 무단으로 사용했다고 주장한다.

수노의 등장은 영화 산업의 음악 제작 생태계에 근본적인 변화를 가져오고 있다. 전통적으로 영화 음악은 숙련된 작곡가와 연주자들의 전문 영역이었지만 이제는 감독이나 편집자도 직접 음악적 아이디어를 구현할 수 있게 되었다. 이는 창작 과정에서의 즉시성과 실험적 시도를 가능하게 해 더욱 다양하고 혁신적인 영화 음악의 탄생을 촉진하고 있다. 수노는 지속적인 모델 개선을 통해 현재 갖고 있는 기술적 한계들을 극복해 나가고 있다.

참고문헌

Anderson, J.(2024). The synthetic actor: Voice cloning and the future of performance. *Sight and Sound, 34*(3), pp.28~34.

Clarke, E.(2024). Listening to the future: AI-generated soundscapes in modern cinema. *Sight and Sound, 34*(5), pp.42~48.

Davis, M.(2024). Voice synthesis meets sound design: OpenAI's voice engine in post-production. *American Cinematographer, 105*(4), pp.42~48.

Johnson, M.(2024.3.28). The AI audio revolution: How technology is changing film sound. Variety.

Kim, J.(2024.5.22). AI music generation: How SUNO is disrupting film scoring. The Hollywood Reporter.

Martinez, C.(2024.8.8). Meta's AudioGen creates new possibilities for sound design. The Hollywood Reporter.

Peterson, R.(2024.4.18). Voice engine: The technology that's cloning Hollywood stars. Wired.

Rodriguez, M.(2024). From prompt to score: SUNO AI and the future of film music composition. *Film Comment, 60*(4), pp.38~45.

Sragow, M.(2024). Sound and vision: Meta's AudioGen and the future of film audio design. *Film Comment, 60*(3), pp.28~35.

09
AI와 독립 영화, 영화 교육의 가능성

AI 영화 기술의 혁신적 발전은 특히 독립 영화 제작과 영화 교육 분야에서 그 파급 효과가 두드러지게 나타나고 있다. 생성형 AI 모델의 등장은 단순한 기술 발전을 넘어서 영화 제작에서 배우, 촬영, 조명, 세트가 필요 없는 개인 작가로서의 창작이라는 새로운 가능성으로 향하고 있다.

AI와 화장품?

독립 영화와 영화 교육 패러다임의 전환

영화 제작은 전통적으로 대규모 자본과 전문 인력, 그리고 복잡한 기술적 인프라를 요구했지만 AI 시대의 영화 제작은 이제 개인 창작자나 소규모 팀도 접근 가능한 영역으로 변화하고 있다.

이러한 변화의 핵심에는 소라, 스테이블 디퓨전, 미드저니, 클링과 같은 생성형 AI 모델들이 자리하고 있다. 이들 기술은 텍스트 프롬프트만으로도 고품질의 영상 콘텐츠를 생성할 수 있게 함으로써 독립 영화 제작의 진입 장벽을 현저히 낮추고 있다. 더 나아가 이는 영화 교육의 패러다임까지 변화시키고 있으며, 미래의 영화 제작자에게 요구되는 역량과 교육 방식에 대한 근본적인 재고를 요구하고 있다.

이 장에서는 AI 기술이 독립 영화 제작에 미치는 영향과 그것이 가져오는 기회와 도전, 그리고 이러한 변화에 대응하는 영화 교육의 새로운 방향성을 탐구하고자 한다.

독립 영화 제작의 새로운 기회

독립 영화 제작에서 AI 기술이 가져온 가장 혁명적인 변화는 제작 비용 구조의 근본적 재편이다. 전통적으로 독립 영화 제작자들이 직면했던 큰 어려움 중 하나는 제한된 예산으로 인한 시각적 완성도의 타협이었다. 특히 환상적이거나 상상력이 가득한 연출을 하고자 하면 감독의 비전을 실현하기 위해 고예산 VFX나 프로덕션 디자인이 필요하고, 이것은 독립 영화의 영역은 아니었다.

그러나 이미지와 영상 생성형 AI 모델의 등장은 이러한 상황을 극적으로 변화시키고 있다. 미드저니나 소라 같은 영상 이미지 생성 AI를 활용하면 텍스트를 입력하는 프롬프트만으로 복잡한 촬영이나 조명, 카메라 대여, 배우 캐스팅과 오디션, 리허설, 세트 제작, 수십 명의 스태프 고용도 필요 없이 컴퓨터 한 대만으로 자기 책상에서 스스로 시나리오를 쓰면서 상상했던 세계를 직접 영상으로 뽑아낼 수 있게 된 것이다.

이러한 비용 절감 효과는 단순히 경제적 이점을 넘어서 창작적 자유도의 확장으로 이어진다. 제한된 예산으로 인해 시각적 야심을 포기해야 했던 독립 제작자들이 이제는 할리우드 상업 영화 수준의 시각적 완성도를 추구할 수 있게 된 것이다. 이는 독립 영화의 장르적 스펙트럼을 확장하고, 보다 다양하고 야심찬 프로젝트들이 실현될 수 있는 환경을 조성하고 있다.

AI 기술 도입은 독립 영화 제작의 보편화를 가속화하고 있다. 전통적으로 영화 제작은 영화 기자재를 다룰 수 있는 기술적 전문성이 요구되고 이 지식을 얻기 위해 교육과 훈련, 다양한 실습이 필요하며 상당한 자본을 보유한 소수에게만 가능한 영역이었다. 하지만 AI 도구의 발전은 이러한 진입 장벽을 현저히 낮추고 있다. 이제 노트북 한 대와 인터넷 연결만 있으면 전 세계 어디서든 고품질의 시각적 콘텐츠를 제작할 수 있게 되었다.

또한 AI 기술은 전통적인 집단 창작의 영역에서 예술의 오라(aura) 시대를 거쳐 개인 작가주의 영역으로 질적 치환을 가능하게 만들었다. 전통적인 영화 제작에서는 물리적인 촬영 현장에서의 활동과 아주 많은 수의 배우와 스태프들, 비싸고 복잡한 영화용 카메라와 조명 장비 조작이 필요했지만 AI를 활용한 제작 방식에서는 이러한 제약들이 사라지게 된다. 창작자는 자신의 상상력과 아이디어만으로도 영화를 만들 수 있으며, 이는 포용적이고 다양한 창작 환경의 조성에 기여하고 있다.

AI 기술은 독립 영화, 특히 실험 영화와 예술 영화 분야에서 완전히 새로운 형태의 예술적 표현을 가능하게 하고 있다. 미국 독립 영화제의 대표 격인 선댄스 영화제에서 주목받은 〈디지털 드림(Digital Dream)〉(2024)은 이러한 가능성을 보여 준 대표적인 사례다. 이 작품은 전체 20분 중 15분을 오픈AI의 소라로 생성한 영상으로 구성하여 화제를 모았다. 특히 인간의 꿈과 무의식을 탐구하는 내용에서 소라의 때때로 예측 불가능하고 초현실적인 생성 특성이 오히려 꿈의 논리적 모순과 환상적 특성을 표현하는 데 효과적으로 활용되었다. 현실과 꿈 사이를 넘나드는 장면 전환에서 소라의 부드러운 모핑 능력이 특히 인상적이었다는 평가를 받았다. 이러한 접근은 전통적인 편집이나 VFX 기법으로는 구현하기 어려운 독특한 시각적 경험을 창조한다. AI가 생성하는 이미지들 사이의 자연스러운 전환, 예상치 못한 형태의 변형 그리고 인간의 의식으로는 상상하기 어려운 조합들이 새로운 형태의 영화적 언어를 구성하고 있는 것이다. 이는 단순히 기술적 혁신을 넘어서 예술적 표현의 영역을 확장하는 의미를 갖는다.

AI 기술 활용은 독립 영화의 국제적 경쟁력을 크게 향상하고 있다. 칸 영화제, 베니스 비엔날레, 선댄스 영화제 등 주요 국제 영화제들이 AI를 활용한 작품을 위한 별도의 섹션을 신설하거나 기존 경쟁 부문에서도 AI 작품을 적극적으로 선정하기 시작했다. 이는 AI 영화가 단순한 기술적 실험이 아니라 정당한 예술적 표현으로 인정받기 시작했음을 의미한다. 더 나아가 이러한 변화는 새로운 형태의 글로벌 문화 교류와 협업을 촉진하고 있다.

기술 중심에서 창의성 중심으로 영화 교육의 패러다임 전환

AI 시대의 도래는 영화 교육에 근본적인 패러다임 전환을 요구하고 있다.

전통적인 영화 학교 커리큘럼에서 상당한 비중을 차지했던 기술적 숙련도 훈련이 상대적으로 축소되고 대신 창의적 사고와 AI 도구의 효과적 활용, 그리고 인간과 AI의 협업 방법론이 새로운 핵심 교과목으로 부상할 것이다. 이러한 변화는 영화 교육의 본질적 목표를 재정의하고 있다.

과거의 영화 교육은 카메라 조작법, 편집 소프트웨어 사용법, 조명 기법, 사운드 녹음과 편집 등 기술적 실행 능력의 습득에 상당한 시간과 노력을 투입했다. 학생들은 복잡한 장비의 사용법을 익히고, 다양한 소프트웨어의 세부 기능을 마스터하는 데 많은 시간을 할애해야 했다. 이러한 접근 방식은 기술적 완성도를 보장하는 데는 효과적이었지만 동시에 학생들이 창의적 사고와 예술적 표현에 집중할 수 있는 시간과 에너지를 제한하는 측면도 있었다.

하지만 AI 기술 발전으로 인해 이러한 기술적 장벽들이 현저히 낮아지면서 영화 교육의 초점은 근본적으로 변화하고 있다. 학생들은 이제 복잡한 VFX 소프트웨어의 세부 기능을 마스터하는 대신 자신의 창의적 비전을 AI에게 효과적으로 전달하는 프롬프트 엔지니어링 기술을 학습하면 된다. 이는 영화 교육의 초점을 기술적 실행 능력에서 창의적 기획 능력으로 이동시키고 있다.

프롬프트 엔지니어링과 새로운 미디어 리터러시

미래의 영화 제작자에게 중요한 기술 중 하나는 아마도 '프롬프트 엔지니어링'일 것이다. 이는 단순히 AI에게 명령을 내리는 기술을 넘어서 자신의 창작 의도를 명확히 하고 이를 효과적으로 전달하는 새로운 형태의 문해력을 의미한다.

프롬프트 엔지니어링 교육은 기존의 영화 교육에서는 찾아볼 수 없었던 완전히 새로운 영역이며 이는 영화 교육 커리큘럼의 재구성을 요구하고 있다.

효과적인 프롬프트 작성을 위해서는 무엇보다 자신이 원하는 바를 정확히 알아야 한다. 이는 곧 창작자로서의 미학적 입장과 철학적 깊이를 요구한다. 예를 들어 단순히 "슬픈 장면"을 요청하는 것이 아니라 "황혼 무렵 버려진 기차역에서 홀로 기다리는 노인의 뒷모습, 따뜻한 황

금빛과 차가운 파란빛이 대조를 이루는 조명, 렘브란트 스타일의 명암법, 시네마스코프 비율, 깊은 피사계 심도"와 같이 구체적이고 세밀한 시각적 요소들을 명시할 수 있어야 한다.

이러한 능력의 개발은 학생들로 하여금 자신의 창작 의도를 더욱 명확하게 정리하고 표현하게 만든다. 좋은 프롬프트를 작성하기 위해서는 색채 이론, 구도 원리, 조명 기법, 영화사적 지식 등 다양한 영역의 이해가 필요하며 이는 결과적으로 학생들의 전반적인 영화적 소양을 향상하는 효과를 가져온다.

또한 프롬프트 엔지니어링 교육은 반복적 개선과 실험적 접근을 강조한다. AI와의 협업은 일회성 명령이 아니라 지속적인 대화와 조정의 과정이다. 학생들은 초기 결과물을 분석하고, 이를 바탕으로 프롬프트를 수정하고 개선하는 과정을 통해 자신의 창작 의도에 더욱 가까운 결과를 얻는 방법을 학습한다. 이러한 과정은 비판적 사고력과 문제 해결 능력을 동시에 기르는 효과를 가져온다.

전통적으로 영화는 인간과 인간의 협업으로 이루어졌지만 AI 시대에는 인간과 AI의 협업도 포함해야 한다. 학생들은 AI를 단순한 도구가 아닌 창작 파트너로 이해하고 효과적인 협업 방식을 학습해야 한다. 이는 영화 교육에서 협업에 대한 개념을 근본적으로 확장하고 있다.

인간-AI 협업은 책임과 창작권에 대한 새로운 인식을 요구한다. AI가 생성한 콘텐츠의 창작권은 누구에게 있는가? AI와의 협업으로 만들어진 작품에서 인간 창작자의 역할과 책임은 무엇인가? 이러한 질문들은 단순히 법적, 기술적 문제를 넘어서 예술과 창작의 본질에 대한 철학적 탐구를 요구한다. 학생들은 이러한 문제들을 통해 창작자로서의 정체성과 역할에 대해 더욱 깊이 사고하게 된다.

참고문헌

Cho, W. & Roxborough, S.(2024.3.15). Hollywood at a Crossroads: "Everyone Is Using AI, But They Are Scared to Admit It". The Hollywood Reporter.

Lees, D.(2024.12.12). 2024: the year in AI, BFI. Sight and Sound.

Morfoot, A.(2024.1.18). Sundance Entry 'Eternal You' Exec Produced by Oscar Winner. Variety.

Motion Picture Association(2024). Global film industry report: The impact of AI on production costs. MPA Research Division.

Schomer, A.(2024.2.7). How Generative AI Could Enable a New Era of Filmmaking. Variety.

Spangler, T.(2024.9.26). AI Startup Runway Says It's Giving

Filmmakers up to $1 Million If They Use Artificial Intelligence to Make Their Movies. Variety.

Welk, B.(2024.6.17). Hollywood's Top Film Schools Are Taking Generative AI Seriously: 'Teaching It Is Not Endorsing It'. IndieWire.

10
AI 영화의 법적, 기술적 한계와 미래 전망

AI가 만들어 낸 이미지, 목소리, 스타일, 서사는 누구의 것인가? 생성형 AI의 도입은 이미 영화 산업에 실질적인 법적 문제와 윤리적 딜레마를 초래하고 있다. 또한 아직까지 AI가 생성한 이미지와 영상은 디테일의 표현에서 한계를 보이며 사람이 전통적인 방식으로 만든 영상에 비해 품질이 낮다. 그러나 이런 문제는 빠른 속도로 개선될 것이며 미래에 AI는 작업 협력자가 될 것이다. 영화 제작은 개인 작업이 되어 진정한 작가의 탄생이 가능하게 될 것이다.

종교와 AI?

AI 시대의 저작권과 창작 주체

AI 시대의 영화 제작에서 가장 논란이 되는 것은 누가 저작권을 소유하고 있는가 하는 창작 주체성의 문제다.

미국 저작권청이 딥페이크 규제의 시급성을 경고한 것은 이러한 우려가 산업 내부 문제를 넘어서 사회적 차원의 이슈가 되었음을 보여 준다. 특히 저작권 보호 자료를 AI 시스템 훈련에 무단으로 사용하는 사례와 기존 콘텐츠와 유사한 작품의 대량 생성에 대한 우려는 창작 산업 전체의 지속 가능성과 직결된 문제다.

미국 WGA의 선임 연구 정책 디렉터 로라 블럼 스미스(Laura Blum-Smith)는 "근본적인 차원에서 AI는 창조할 수 없다"는 명확한 입장을 주장하며 창작 행위의 본질에 대한 철학적 성찰을 요구한다. AI가 기존 데이터의 재조합과 변형을 통해 새로운 결과물을 생성할 수 있지만, 진정한 의미의 창조적 행위는 여전히 인간의 고유한 영역이라는 주장이다. 이는 시나리오 작가들이 AI의 기술적 효율성을 활용하면서도 인간만이 가질 수 있는 창작적 통찰력과 감성적 깊이를 유지하는 것이 핵심임을 시사한다.

스튜디오들이 AI로 생성된 작품에 대한 더 느슨한 저작권 기준을 주장하는 것은 이 문제의 복잡성을 더욱 부각한다. 이들은 미국 저작권청이 인간 저작권 요구 사항에서 너무 경직되어 있다고 주장하며 "AI를 도구로 사용하여 작품을 창작하는 과정에 들어가는 인간의 창의성을 고려하지 않는다"고 비판하고 있다. 이는 AI를 활용한 창작물에서 인간의 창의적 기여도를 어떻게 측정하고 인정할 것인가에 대한 새로운 기준의 필요성을 제기한다.

영화 제작 파이프라인에서 AI 도구의 대규모 채택을 막는 주요 이유 중 하나가 바로 AI로 창작된 작품이 저작권 보호 자격이 없다는 점이라는 사실은 법적 불확실성이 기술 도입에 미치는 실질적 영향을 보여 준다. 이는 시나리오 작가들이 AI 도구를 활용할 때 창작물의 법적 지위와 보호 가능성을 신중히 고려해야 함을 의미한다.

법적 고려 사항과 윤리적 책임

지적 재산권 법률 전문가인 샬럿 런드 톰슨(Charlotte Lund Thomson)은 AI 활용에 따른 법적 복잡성에 대해 중요한 지침을 제시했다. 특히 창작 과정에서 AI를 사용할 때는 동의와 협의가 필수며, 이는 저작권과 저작 인격권 준수 차원에서 해당 국가 법률 관할권에 따라 다르게 적용된다. 현재 할리우드 영화 산업의 법적 체계는 저작권 보호를 위해 인간의 개입을 요구하는 경우가 많기 때

문에 창의적 과정에서 인간의 역할을 기록하는 것이 매우 중요하다.

룬드 톰슨은 특히 동의 없이 유명한 목소리를 복제하는 것과 관련된 저작 인격권 침해에 대해 경고했다. 2024년 5월 오픈AI가 발표한 새 AI 모델 챗GPT-4o의 AI 음성이 배우 스칼릿 조핸슨의 목소리와 아주 흡사했는데, 이는 스칼릿 조핸슨이 AI를 주인공으로 한 영화 〈그녀(Her)〉의 목소리 연기를 했기 때문이다. 오픈AI 회사는 스칼릿 조핸슨의 법적 허락 없이 매우 유사한 목소리를 인공적으로 만들고 무단으로 사용했다. 이에 조핸슨이 법적 소송을 했고, 이 음성 서비스는 중단되었다. 앞으로 AI 저작권은 '사람이 만들었는가'가 아니라 '사람이 얼마나 창의적으로 개입했는가'라는 기준으로 바뀔지도 모른다.

AI 시대의 영화 창작자들은 이전과는 다른 윤리적 책임을 져야 한다. AI가 생성한 콘텐츠의 저작권 문제, 기존 작품이나 배우의 초상권 침해 가능성, 딥페이크 기술의 악용 우려 등은 모두 창작자가 고려해야 할 새로운 윤리적 영역이다.

IP 개발과 파인튜닝 모델의 전략적 활용

프리 프로덕션에서 지적 재산권 개발과 관련된 AI의 활용은 혁신적이면서도 논란이 많은 영역 중 하나다.

파인튜닝을 통한 맞춤형 모델 개발은 스튜디오에게 기존 프랜차이즈를 확장하고 새로운 콘텐츠를 개발하는 강력한 도구를 제공하고 있다. 이러한 'IP 기계(IP Machine)'로서의 AI 모델은 기존 스튜디오 아트 부서의 역할을 보완하고 때로는 대체하면서 프랜차이즈 자산 개발의 속도와 규모를 획기적으로 향상하고 있다.

파인튜닝의 과정은 기본적으로 범용 AI 모델을 특정 스타일이나 IP의 시각적 특성에 맞게 추가 훈련시키는 것이다. 예를 들어 디즈니의 특정 애니메이션 스타일, 마블의 코믹 북 아트 스타일 또는 특정 영화 시리즈의 시각적 톤을 학습한 모델은 해당 스타일을 일관되게 유지하면서 새로운 캐릭터, 환경, 소품 등을 생성할 수 있다. 이는 브랜드 아이덴티티의 일관성을 유지하면서도 창작 과정의 효율성을 극대화하는 방법이다.

실제 활용 시나리오는 매우 다양하다. 기존 프랜차이즈의 새로운 에피소드나 스핀오프 개발에서 파인튜닝된 모델은 기존 세계관과 조화를 이루는 새로운 환경과 캐릭터를 빠르게 생성할 수 있다. 머천다이징과 라이선싱

비즈니스에서도 이러한 기술은 새로운 상품 디자인과 마케팅 자료 제작에 활용될 수 있다. 또한 게임, 테마파크, 출판 등 다양한 미디어로의 IP 확장에서도 일관된 시각적 품질을 유지하면서 대량의 콘텐츠를 생성할 수 있다.

영화 제작에서 새로운 법적 프레임워크의 필요성

3세대 생성형 AI의 발전과 함께 영화 산업이 직면하게 된 윤리적 도전들은 복잡하고 다층적이다.

첫째, 저작권과 지적 재산권의 문제다. AI 모델이 기존 작품을 학습하여 새로운 콘텐츠를 생성할 때 원본 작품의 창작자들에게 어떤 권리와 보상이 주어져야 하는지에 대한 명확한 기준이 아직 확립되지 않았다. 특히 웨스 앤더슨이나 크리스토퍼 놀런과 같은 감독의 독특한 스타일을 학습한 AI 모델이 생성한 작품의 저작권 귀속 문제는 법적, 철학적으로 복잡한 쟁점을 제기한다.

둘째, 배우의 초상권과 목소리 권리 보호 문제다. AI 기술 발전으로 배우의 외모와 목소리를 완벽하게 재현할 수 있게 되면서 배우의 동의 없이 그들의 이미지가 사용될 위험성이 커졌다.

셋째, AI 생성 콘텐츠의 표기 의무와 관련된 투명성 문제다. 관객들이 어떤 부분이 AI로 생성되었는지 알 권리가 있는가? 완전히 AI로 제작된 영화와 부분적으로 AI를 활용한 영화를 구분해야 하는가?

AI 사용에서 창작적 일관성 유지의 기술적 한계

AI의 급속한 발전에도 불구하고 이미지와 영상 출력에서 품질 관리와 창작적 일관성 유지는 여전히 중요한 과제로 남아 있다.

AI 생성 결과물의 본질적 특성상 예측 불가능성과 변동성이 존재하며 이는 영화 제작과 같은 장기간의 협업 프로젝트에서 심각한 문제가 될 수 있다. 동일한 프롬프트라도 실행할 때마다 다른 결과를 생성하는 AI의 특성은 프로젝트 전체의 시각적 일관성을 유지하는 데 도전을 제기한다.

캐릭터의 일관된 묘사는 특히 복잡한 문제다. 영화 전체를 통해 동일한 캐릭터가 일관된 외모와 특성을 유지해야 하지만, 현재의 AI 도구들은 동일한 캐릭터를 다양한 상황과 각도에서 일관되게 생성하는 데 한계를 보인다. 이는 특히 장편 영화나 시리즈 프로젝트에서 심각한 제약 요소가 될 수 있다. 일부 제작 팀들은 이 문제를 해결하기 위해 특정 캐릭터만을 위한 전용 파인튜닝 모델을 개발하거나 생성된 이미지들을 수동으로 편집하여 일관성을 확보하는 방법을 사용하고 있다.

신과 시퀀스 간 스타일 통일성도 중요한 고려 사항이다. 프리 프로덕션에서 생성된 다양한 시각적 자산들이 전체 프로젝트의 미적 비전과 조화를 이루어야 하며, 각 신과 시퀀스 간의 시각적 연결성이 유지되어야 한다. 이를 위해 많은 제작 팀들이 프로젝트 전체에 걸쳐 사용할 통일된 프롬프트 템플릿과 스타일 가이드라인을 개발하고 있다.

인간 감독의 필수성은 이러한 맥락에서 더욱 부각되고 있다. AI가 아무리 발전해도 생성된 자산들의 창작적 가치를 평가하고 프로젝트 전체 맥락에서 적절성을 판단하는 것은 여전히 인간의 고유한 영역이다. 숙련된 아트 디렉터나 프로덕션 디자이너는 AI가 생성한 수많은 옵션 중에서 프로젝트의 톤과 분위기에 가장 적합한 것들을 식별하고, 필요에 따라 추가 수정과 개선을 지시하는 역할을 담당한다.

하이브리드 워크 플로는 현재 가장 효과적인 접근법으로 인정받고 있다. 이 방식에서는 AI를 통해 빠른 초안과 다양한 옵션을 생성한 후 인간 아티스트가 세밀한 조정과 품질 개선을 수행한다. 그다음 추가적인 AI 도구들을 활용한 최적화 과정을 거쳐 최종적으로 인간의 검토와 승인으로 완료되는 체계적 프로세스다. 이러한 접근 방식은 AI의 효율성과 다양성을 활용하면서도 인간의 창작적 통찰력과 품질 관리 능력을 최대한 활용한다.

AI 기술의 한계와 단계별 미래 발전 전망

현재 AI 기술의 프리 프로덕션 활용에는 여러 기술적 한계가 존재하며 이러한 한계의 극복은 향후 기술 발전의 핵심 과제다.

해상도와 디테일의 한계는 명백한 제약 중 하나다. 현재 AI 이미지 생성 도구들은 일반적으로 중간 해상도의 이미지를 생성하며, 인쇄용이나 대형 스크린용 고해상도 자산을 만들기 위해서는 추가적인 업스케일링 과정이 필요하다. 더욱 중요한 것은 세밀한 디테일 표현에서 한계를 보인다는 점이다.

텍스트와 타이포그래피의 정확한 생성도 지속적인 문제다. 영화 프리 프로덕션에서는 간판, 문서, 책, 신문 등 다양한 텍스트 요소가 자주 필요하지만, 현재의 AI 도구들은 올바른 철자와 읽기 가능한 텍스트를 생성하는 데 어려움을 겪고 있다. 이는 특히 미래적 설정이나 외국 배경의 프로젝트에서 중요한 제약 요소가 된다.

복잡한 장면 구성과 다중 캐릭터 상호 작용의 표현에서도 한계가 드러난다. AI는 단일 캐릭터나 간단한 장면은 잘 생성하지만 여러 캐릭터가 복잡하게 상호 작용하는 장면이나 정교한 공간적 관계를 요구하는 구성에서는 논리적 일관성을 유지하기 어려워한다. 이는 액션 시퀀스나 군중 장면의 스토리보드 제작에서 특히 문제가 된다.

시간적 일관성 문제는 비디오 생성 분야에서 가장 두드러진다. 현재의 AI 비디오 생성 도구들은 짧은 클립에서도 프레임 간 일관성을 유지하는 데 어려움을 겪으며, 긴 시퀀스에서는 이러한 문제가 더욱 심화된다. 캐릭터의 외모 변화, 물체의 갑작스러운 등장과 소멸, 배경의 불안정한 변화 등은 현재 기술의 주요한 한계점으로 작용한다.

단기 전망(1~2년)에서는 이러한 한계의 상당한 개선이 예상된다. 비디오 생성 품질의 극적인 향상이 가장 기대되는 분야로, 현재 10여 초 수준인 생성 가능 길이가 분 단위로 확장될 것으로 예측된다. 해상도와 프레임 간 일관성도 대폭 개선될 것으로 예상되며 이는 AI 생성 비디오를 실제 프로덕션에서 활용 가능할 수 있게 할 것이다. 일관성 문제의 해결도 단기간 내에 상당한 진전이 있을 것으로 전망된다. 캐릭터와 환경의 연속성을 보장하는 새로운 알고리즘들이 개발되고 있으며, 이는 장편 프로젝트에서의 AI 활용 가능성을 크게 높일 것이다. 더욱 정밀한 제어 도구의 등장으로 창작자들이 AI 생성 과정을 더욱 세밀하게 조정할 수 있게 될 것이다.

중기 전망에서는 멀티모달 AI의 성숙화가 핵심 변화로 예상된다. 텍스트, 이미지, 오디오, 비디오를 통합적으로 처리하는 AI 시스템이 등장하여 프리 프로덕션 과정이 더욱 통합되고 효율적으로 변할 것이다. 창작자들이 자연어로 복합적인 요구 사항을 설명하면 AI가 이를 종합적으로 이해하여 시각적, 청각적 요소들을 동시에 생성하는 수준에 도달할 것으로 예상된다. 미래에는 실시간 대화형 창작 도구의 발전도 중요한 변화가 될 것이다. 창작자와 AI 간의 상호 작용이 더욱 자연스럽고 직관적이 되어 마치 숙련된 어시스턴트와 대화하듯 창작 과정을 진행할 수 있게 될 것이다. 이는 특히 브레인스토밍과 초기 콘셉트 개발 단계에서 혁신적인 변화를 가져올 것으로 기대된다.

또한 완전 통합된 프로덕션 플랫폼의 등장으로 모든 창작 과정이 하나의 환경에서 이루어질 수 있게 될 것이다. 스크립트 분석에서 시작하여 캐릭터 디자인, 환경

구축, 스토리보드 제작, 애니메틱스 생성까지 전 과정이 연결된 워크 플로로 구현될 것이며 이는 프리 프로덕션의 효율성을 획기적으로 향상할 것이다.

장기 전망에서는 더욱 근본적인 패러다임의 변화가 예상된다. 프리 프로덕션과 실제 프로덕션 제작의 경계가 모호해지면서 전통적인 제작 파이프라인이 완전히 재정의될 가능성이 있다. 실시간 비주얼 이펙트와의 통합으로 프리 비주얼라이제이션에서 생성된 이미지와 영상이 높은 완성도로 바로 최종 작품에 활용될 수 있게 될 것이며 이는 영화 제작 과정 전체의 혁신을 의미하고, 영화감독은 진정한 개인으로서의 작가가 될 것이다.

참고문헌

Arkenberg, C. et al.(2025). Generative AI and Hollywood: Predictions for media, technology & telecommunications. Deloitte Insights.

Bradshaw, N.(2024). 2024: The year in AI-How machine learning transformed cinema. *Sight and Sound, 34*(12), pp.28~35.

Chen, A.(2024.2.12). The copyright wars: AI training data and creative rights. Wired.

Couch, A.(2024.11.14). Ben Affleck warns VFX workers about AI impact on industry. The Hollywood Reporter.

Fleming, M. Jr.(2024.12.15). 2024: The year AI entered

Hollywood's mainstream. Variety.
Johnson, M.(2024). The future of visual effects: AI integration in modern filmmaking. *American Cinematographer, 105*(3), pp.42~58.
Lang, B.(2024.11.8). Hollywood's secret AI adoption: Industry survey reveals widespread usage. Variety.
Masters, K.(2023.9.28). Inside the WGA's AI battle: How writers fought for creative control. The Hollywood Reporter.
Romney, J.(2023). From Lumiere to algorithm: Cinema's latest technological shift. *Film Comment, 59*(6), pp.42~49.

송낙원

건국대학교 영상영화학과 교수다. 중앙대학교 대학원 영화과에서 석사 학위를, 한양대학교 대학원 연극영화학과에서 박사 학위를 받았다. 한국영화아카데미와 미국 AFI에서 영화 연출을 전공했다. 한국예술교육학회와 한국영상제작기술학회에서 학술이사를 맡고 있다. 1994년 《서울신문·스포츠서울》 신춘문예 영화평론 부문에 당선해 영화 평론가로 활동을 시작했고, 영화 전문 방송 프로그램에서 방송 작가로 활동했다. 제6기 영화진흥위원회 위원, 독립 영화 전용관 인디플러스 운영위원장을 역임했고 제3회 서울충무로국제 영화제에서 수석 프로그래머로, 제4기 영상물등급위원회에서 영화등급분류위원으로, 문화예술교육진흥원에서 영화교육분과위원으로 일했다. 저서로는 《한국의 성장과정과 미국》(공저, 2023), 《미국영화산업》(2018), 《스마트폰과 디지털영상제작》(2015), 《시나리오 쓰기》(2014), 《오디션 연기와 모놀로그》(공저, 2014), 《영화 연출》(2013), 《배우 신성일》(공저, 2009), 《새 정부의 문화예술정책》(공저, 2008), 《한국영화기술의 역사》(공저, 2008), 《포스트 할리우드》(2007), 《영화 연출부 매뉴얼》(2007), 《영화 연출부를 위한 필수 문서 양식 65》(2007), 《남북한 영화사 비교연구》(공저, 2007), 《동아시아 영화》(공저, 2004)가 있다.